「キーエンス思考」×ChatGPT時代の付加価値仕事術

株式会社カクシン代表取締役CEO
田尻望

日経BP

「キーエンス思考」×ChatGPT時代の付加価値仕事術

はじめに

「サボっているわけではないのに、上司や同僚に評価されない」「なかなか部下が育たない」「自社、自部署の業績が上がらない」……。仕事の中で、そんな悩みを抱えていないでしょうか？　私の元には、そのような方がたくさん来ます。しかし、本書で紹介する方法で「ＣｈａｔＧＰＴ」を正しく活用すれば、そんな悩みは一気に解決していきます。現時点で、ＣｈａｔＧＰＴに関する知識がゼロでも全く問題ありません。実は、本書に書いてあるテキストをまねするだけで、仕事上でＣｈａｔＧＰＴは使いこなせてしまうんです！

本書ではＣｈａｔＧＰＴ（などの生成ＡＩ）が仕事で活用されるようになるこの時代に、最速、最短で成果を上げていくためのノウハウを紹介します。ＣｈａｔＧＰＴを使える人とそうでない人の差は、従来の仕事ができる人・できない人というレベルとは異次元の差になっていきます。使いこなせる人の中でも、作業を効率化するだけのツールとして使うのか、成果に直結する使い方ができるのかで、さらに差が付くでしょう。

分水嶺となるキーワードは、私が新卒で入社したキーエンスという企業の考え方に基づく「付加価値」です。キーエンスは「最小の資本と人で最大の付加価値をあげる」という経営理念を掲

はじめに

げ、そして営業利益率50％以上という脅威の結果を出しています。

この、成果の肝となる付加価値をつくるために、実はＣｈａｔＧＰＴを大いに役立てられるのです。これは断言しますが、付加価値創造にＣｈａｔＧＰＴなどの生成ＡＩを使える人〝だけ〟が今後、飛躍的に成果を上げられる人材になっていきます。なお、付加価値については43ページから詳しく解説しています。

私はキーエンスから独立した後、一度起業に失敗し、7年前に再度起業をしました。現在は経営コンサルタントとして、年商数十億円規模から数百億円規模の企業のセールスやマーケティング事業のコンサルティングをし、お客さまの付加価値向上に貢献しています。その中では、経験したことがない領域を含め、多岐にわたる業界やビジネス課題に関する情報を迅速に集め、解決策を提案することが求められます。コンサルティングファーム出身ではないので、独学で日々問題解決のための調査をし、仮説を立て、改善を行っていく。その繰り返しの日々でした。

そんな私ですが、ChatGPTとの出合いは衝撃でした。

例えば、特定の業界の動向や改善事例などの情報が必要なとき、ＣｈａｔＧＰＴに質問すると、即座に大まかな答えや有益な情報が手に入ってしまったのです。また、新たなビジネスモデルやアイデアを考える際も、ＣｈａｔＧＰＴと「会話」を重ねることで多角的な視点が生まれ、自分の発想がアップデートされたのです。部下の育成やチームビルディングの課題に直面したときも、

ＣｈａｔＧＰＴが第三者の視点からアドバイスをくれました。

２０２３年３月14日（現地時間）に発表された「ＧＰＴ－４」（ＣｈａｔＧＰＴの基盤となる大規模言語モデル。詳細は80ページ）を数時間使ってみて、まず「ＣｈａｔＧＰＴの使い方をお客さまがマスターすれば、**単なるコンサルタントの自分**は必要なくなってしまう」と確信しました。だからこそ私は、「**遅かれ早かれお客さまもＣｈａｔＧＰＴを使う**。ならば、自分自身が『**コンサルタント×ＣｈａｔＧＰＴ**』の第一人者となり、そして**お客さまにもＣｈａｔＧＰＴの使い方をマスターしてもらい、圧倒的な成果を出してもらおう**」と考えたのです。私が今、経営コンサルタントとしての業務を拡大し、大手の企業様からもご相談がいただける背景には、ＣｈａｔＧＰＴの活用が大いに寄与しています。

ＣｈａｔＧＰＴから前述した〝魔法〟のような知識やソリューションを取り出し、かつ付加価値を生むための仕事で最大限生かすには、考え方やプロセスを知る必要があります。しかし現状、世の中にあるＣｈａｔＧＰＴの解説本や講座の内容は、あくまでツールとして「ＣｈａｔＧＰＴを使う」ことはできても、**「仕事の成果に直結させる使い方をマスターする」**という部分が足りないと感じています。なぜなら、使いこなす私たちが成果を上げるための「成果直結の原理原則」が語られていないからです。この、成果直結の原理原則を知ったうえで、ＣｈａｔＧＰＴを的確に使えれば、仕事のスピードと質は異次元のレベルになります。

私自身、研修の場などでもお話ししていますが、私が教えたChatGPTの使い方をマスターした人の1年後に、私は生身では勝てませんと断言しています。みなさんも本書で解説していくノウハウをマスターすれば、事務処理の効率化や営業活動の改善、さらに戦略コンサルタントが行うような分析・戦略立案や新商品の企画まで、すべて可能になっていきます。

最大の成果を上げるための具体的なノウハウを、本書でみなさんにお伝えしていきます。

立場によって異なる様々なメリット

さて、ビジネスパーソンと言っても、一般社員、部下を持つマネジャー（管理職）、経営者など様々です。さらに営業、マーケティング、人事、経理……など、あらゆる立場の人がいます。本書は、どんな人も、それぞれの立場に応じてフル活用できる一冊になっています。立場によって異なるメリットを念頭に置きながら読んでいただきたいので、ここでいくつかの例を解説します。

① 一般社員のあなた

頑張って仕事をして成果を上げたい、出世したい――。また、仕事の頑張り方が分からず悩んでいる人は、**本書で紹介するChatGPTの活用法を実践すれば正直、〝チート〟（ずる）をしているかのように、みるみる成長していけます。**「そもそも、**自分が分からないことさえ分かっていなかった」が一瞬で解決**でき、「仕事ができる！」とはどういうことかを理解できます。仕事ができる人はなぜあれほど楽しそうに働いているのか、仕事の目的は何なのか、これらすべてが分かるようになります。しかも、日々の仕事を時短で終えられるようになります。本書の内容をマスターすれば、1年後には「仕事ができる人だね」と言われるようになる。そんなきっかけと支援になる一冊です。

②マネジャー（管理職）のあなた

部下を持つ立場のみなさんへ質問です。部下の提案や報告、連絡、相談などに対して「もっと自分で考えてから相談してきてよ」と思ったことはないでしょうか？　もちろん私はあります。しかし、疑問点の調べ方さえ分からない部下をむげにはできず、結局は自分の時間が奪われてしまう――。自分の時間と部下の成長を天秤にかけなければならず、忙しい日々を送っていることと思います。もし、本書で解説するスキルを部下が身に付ければ、一人ひとりが自分の仕事の目的、目標を理解して仕事するようになるので、一定以上練り上げられた提案ばかりが上がってくるようになるはずです。しかも、部下が抱いた疑問点はＣｈａｔＧＰＴを使い、皆が自力で解決できるようになるので、教育のための余計な時間も減ります。マネジャーの立場で、**最もストレスに感じる仕事の一つと言える部下指導が、とても楽になるのです。**

部下が成果を上げられるようになるので、チームの業績も上がっていくでしょう。ただ、1つだけ注意すべきなのは、**ものすごく仕事ができるようになった部下に、立場を逆転されてしまう**

リスクがあることです。私自身が、私が教えたＣｈａｔＧＰＴの使い方をマスターした人の1年後に、私は生身では勝てませんと断言しているように、もしみなさんがＣｈａｔＧＰＴを使うことなく、部下だけが本書を読みＣｈａｔＧＰＴを活用すれば、ものすごい速さで、仕事で上げる成果が追い越されていくことになります。

だからこそ！　部下より先に本書を手に取ったみなさんは幸運です。本書を先に読み、ＣｈａｔＧＰＴを徹底的に活用して、これまで以上の速さで成果が上げられるようになってください。

なお、マネジャーの立場になると、リスキリングを含め、何かについて新たに学ぶ必要も出てきていると思います。膨大な仕事を抱えていて、あまり時間が取れない場合でも、ＣｈａｔＧＰＴを活用すれば学習にかける時間を一気に短縮できます。そんな学習のためのプロンプトや流れも本書の中にはふんだんに紹介していますので、ぜひご期待ください。

③ 経営者のあなた

私自身も経営者ですが、ＧＰＴ－４が登場した約5カ月前から、本書で紹介するノウハウを実行しています。この短期間で、私自身と私の組織の生産性は一気に2倍以上になりました。経営判断など、日々あらゆるタスクをこなす必要がある**経営者の人は、ChatGPTを使いこなすことで、自身と組織の生産性が1・5倍から2倍になる**ことは間違いありません。

さらに、経営する企業に所属する社員全員が、本書の内容を実行することができれば、組織全体の生産性も圧倒的に上がります。社員全員が、**自分がしている仕事の目的と目標を立て、達成するために必要な問題を的確に分析し、最短距離で目的達成に突き進むようになる**のです。そんな企業になれば、業績はあっという間に上がります。経営者のみなさん自身が抱えるストレスも減っていくことでしょう。

ちなみに、本書で紹介するスキルがすべて身に付いていて、実践できている人がいれば、私は年１０００万円以上を支払ってでも雇います。なぜなら、それができる人がいれば、会社全体の効率が上がるからです。年商10億円の企業だとしたら、業務効率が10％向上すれば、年商は利益ベースで1億円上がることを見込めます。つまり、経営者のみなさんや社員が本書のスキルを身に付け、実践することは会社の利益向上に直結します。そして、自身や社員の年収アップにもつながっていくのです。

ChatGPTで「キーエンス思考」のサイクルを回す

今は成長できた私ですが、実はキーエンスに新卒で入社した頃はとても苦労しました。正直、当初は落ちこぼれと言っても過言ではなかったと思います。目の前にある仕事を何とかこなし、「いつになったら完了するのか」と悩む日々でした。入社してから4年間、安心して仕事をした記憶はありません。優秀な同期にはあっという間に置いていかれました。当時を振り返ると、その優秀な同期は、本書で紹介する〝**仕事の目的**〟を理解して、その目的を達成するために一直線だったのです。一方で私は、仕事の目的を理解せず、たくさんの無駄な「作業」をしてしまっていたのです。

つまり、**付加価値（仕事の目的）をつくる仕事ができていなかった**のです。

そんな私が、なぜ圧倒的なスピードで成果を上げることが可能になったのでしょうか。それは仕事で付加価値をつくり、成果を上げるためには欠かせない、**目的をいち早く設定し、目的達成のための問題をあぶり出し、解決を繰り返して目的を達成する**――という成果を出すための不変のサイクルを理解し、かつ最速で回していけるようになったからです。このスキルはコンサルタントだけではなく、経営者や社員としても、成果を上げるために必須となるスキルです。

このスキルは本書の第1章から、詳しく解説しています。そして、ここでみなさんに伝えておきたいポイントは、**ChatGPTを使うことで、この成果を出すためのサイクルを、誰でも最速で回せるようになったということです。**

〝才能〟がなくても成果は出せる

仕事で成果が上げられないことに対して、生まれ持った才能や、これまでの学歴を言い訳にしてしまう人がいます。しかし、本書を読めば、それらを成果が上がらない言い訳にはしなくてよくなります。

そして、成果を上げるために**大切なのは〝知識〟だと理解できます。**例えば、前述の成果を上げるためのサイクルを知っていることも知識です。そして、**知識は後天的に身に付けられます。**何より、今はＣｈａｔＧＰＴを活用すれば、世の中にあるほぼすべての仕事で、成果を上げるために欠かせない知識が短時間で得られます。すると、みなさんは「みるみる成長するね」「仕事に慣れるのが早いね」「もうできるようになったの」と言われるようになります。ぜひ、その変化を楽しんで欲しいのです。

私がコンサルタントとして注意すべきだと思うのは、**「自分の仕事で身に付けておくべき知識」を正しく理解していない人が多い**ということです。例えば、経理の仕事で成果を上げるために、経営論やＤＸ（デジタルトランスフォーメーション）の知識が必要だと、本気で考えている人はどれだけいるでしょうか。実は、経理に関係する作業の効率化、企業の生産性向上のためには欠かせない知識です。しかし、「エクセル（Microsoft Excel）」の知識だけあれば十分だと考え、エクセルのマスターに終始している人がほとんどではないでしょうか。つまり、学ぶテーマ自体が間違っている、もしくは足りないのです。

「難しそう」という印象から避けてしまっているのであれば、それも勘違いです。例えば、経営論はほとんど四則計算レベルの計算しか出てきません。しかし、総論から各論までを誰かがしっかりと教えてくれるわけではないので、身に付く知識が断片的になり、難しく感じてしまうだけなのです。分からないことがあるときはもちろん、断片的な情報を体系化する目的でも、ＣｈａｔＧＰＴに質問すればすぐ教えてくれます。**ＣｈａｔＧＰＴを活用できるこれからの時代は、専門書を読む**

などして、難しい知識を１００％知っておこうと思う必要はありません。そこに時間をかけるのであれば、ＣｈａｔＧＰＴを使いこなせるようになることに時間を割きましょう。

私はコンサルタントとして、お客さまにＣｈａｔＧＰＴの活用を推奨しています。そのときによくある誤解の一つに、情報漏洩などのリスクを恐れすぎていることがあります。第４章（１２５ページ）でも触れていますが、個人情報などは入力しないように、ルール化しておけばよいと思います。個人や企業の細かい情報を入力しなくても、ＣｈａｔＧＰＴから有効な回答を得ることは可能です。また、あなたが経営者であれば、あらためて社員の全員がＣｈａｔＧＰＴを使えるようにしておくことをお勧めします。業績アップのためだけではありません。むしろ今、企業側がＣｈａｔＧＰＴをはじめとする生成ＡＩの利用を禁止して、ルールも作らないままにしておく方が、リスクが高いと思います。社員が個人的に使った際に、それこそメリットがないのに個人情報や秘匿情報を入力してしまうケースがあるかもしれません。

企業（の全社員）を「ＡＩネーティブ」（ＡＩを使うことが普通）の状態に変えることは、圧倒的な生産性を生む基礎となります。そして私は、そのメリットはリスクを避けながら実現することが可能だと思っています。

圧倒的な生産性が実現する世界

私はＧＰＴ－４が発表された約２週間後から、プレゼン資料の作成やセミナーで話す内容のたたき台の立案、メールの返信など、あらゆる仕事にＣｈａｔＧＰＴを使うようになりました。新しい商品や事業などの考察にも使いますし、人事制度などの調査・検討にも活用しています。ＣｈａｔＧＰＴを味方に付けたことで、仕事の生産性が一気に２倍以上になったことを実感しています。

私は正直、これは間違いなく〝チート〟だと感じています。本書を読めば、そのすごさが分かるはずです。

これは私がコンサルタントとして教訓にしている言葉なのですが、私はあるとき、尊敬する人から、**「報酬は権威に従う。権威は（○○）能力に従う」**という言葉を教えてもらいました。これは報酬は権威のある偉い人（経営者など）によって支払われるものだということです。つまり、報酬の金額を決めるのは偉い人（経営者や、人事評価する上司など）となります。

しかし、そんな権威でも従うのが〝ある能力〟だと教えてもらいました。私は、何かの権威の元に生まれたわけではありません。だからこそ、その教えは晴天の霹靂（へきれき）でした。そしてその能力は――**「状況定義能力」**だと教えてもらったのです。つまり、**様々な状況を定義することができれば、その能力に偉い人（権威）だったとしても従ってしまう**ということです。

例えば、一般社員のみなさんが上司に対して、自分の意見を通すのが難しい状況だったとしましょう。確かに一般社員のみなさんだけの意見では、上司を動かすことはできないでしょう。しかし大口顧客になり得る企業の社長とのミーティングの場を、上司に提案できるとしたらどうでしょうか。上司の目的は、部署の業績アップです。大口顧客と取引できる可能性があるとしたら、それは部署の業績アップのチャンスです。上司自身の目的と合致するわけですから、提案に乗ってくる可能性は非常に高いでしょう。あれ？　一般社員のみなさんが、上司の動きを決めることができていますよね。

そう、つまり相手の目的を理解し、それをかなえるチャンスという状況をつくれば、たとえ権威がある人でも動かせるのです。この力学をうまく扱う能力が、まさに状況定義能力なのです。「大口顧客となりうる企業の社長との面談はどうセッティングすればいいんだ！」と思われるかもしれませんが、その方法は本書を読み、仕事で実践していただければ分かるようになっています。第５章（１３６ページ）で詳しく解説していますが、上司の目的を理解し、かなえるために何をすればいいかは、ＣｈａｔＧＰＴに聞けば大抵分かります。この状況定義能力とＣｈａｔＧＰＴの組み合わせは、みなさんにたくさんの選択肢（自由）をもたらしていくに違いありません。

目的をいち早く設定し、目的達成のための問題をあぶり出し、解決を繰り返して目的を達成するサイクルが重要だと前述しました。**自分だけでなく、周囲の人も含めた仕事の目的を考えながら仕事をしていると、次第に状況が定義できるようになっていきます。**

そして面白いことに、**自分や他人の仕事の目的を理解し、それぞれの目的達成のためにどうす**

ればいいかはChatGPTがヒントをくれるのです。ＣｈａｔＧＰＴの助けも借りながら上司の目的を理解することで、上司が自分自身でできていないことすら、部下である一般社員が提案、あるいは実行にまで移すことができます。すると、上司からは「君がいないと困る」と言われるようになります。そうなれば、出世にもつながっていくことでしょう。「上司を従える」ことで、自分が働きやすい環境をつくれるだけではありません。ＣｈａｔＧＰＴを活用し、仕事も目的を明確化し、理解を深めることで、成功のスパイラルが生まれていくのです。

さあ、〝ChatGPT無双〟を始めていこう

ＣｈａｔＧＰＴ（などの生成ＡＩ）が仕事で活用される時代になっても、成果を上げるための仕事術の根幹は、実は変わりません。そういった仕事術が身に付いている人はＣｈａｔＧＰＴを活用することで、より無双状態になることができる、というだけです。

一方、これまで「自分はあまり仕事ができない」「成果が上がらない」と感じていた人にはチャンスです。本書には成果を上げるための仕事術のコンセプトと、それを実際に学び、実践するためのＣｈａｔＧＰＴの使い方がふんだんに載っています。そうして「知識」で武装していけば、無双状態にすぐに近づけます。本書では、仕事術の根幹となるノウハウと、ＣｈａｔＧＰＴの活用法を詰め込んでいます。今、みなさんがどんなスキルを持っているかは基本的に問いません。誰でも本書に書いてあることを実行すれば、すぐに成果が上がります。

ぜひみなさんも、今日からChatGPT無双をしてください。さあ！ 始めていきましょう！

田尻 望

株式会社カクシン 代表取締役CEO

ChatGPTの始め方（登録方法）

ChatGPTを使う場合は、OpenAIのアカウントの登録をする必要がある。登録後、無料版（GPT－3・5）ならすぐ使い始めることができる。スマホアプリからも登録可能だが、ここではブラウザ上で登録する方法を紹介する。手順は左の通り。

①ChatGPTのサイト（https://chat.openai.com/auth/login）にアクセスし、「Sign up」をクリック
②メールアドレスを入力して「Continue」をクリック
③任意のパスワードを入力して、「Continue」をクリック
④入力したメールアドレスにメールが届くので、「Verify email address」をクリック
⑤移動後の画面上で、「名前」「生年月日」「電話番号」を入力
⑥電話番号を入力したスマホにSNSで届いた認証コードを入力すれば登録完了

※なお、Google、Microsoft、Appleのいずれかのアカウントを認証させる方法でも登録可能。

「ChatGPT Plus」の始め方（加入方法）

本書で質問（プロンプト）への回答を紹介している「GPT－4」は、月額20米ドルの有料プラン「ChatGPT Plus」に加入する必要がある。ChatGPTの登録方法と同様、ブラウザ上で登録する方法を紹介する。手順は左の通り。

①ChatGPTの画面左下の「Upgrade to Plus」か上の「GPT－4」をクリック

②画面中央に表示される「プラスプランにアップグレード」をクリック

③移動後の画面上で、支払いを行うクレジットカードの情報や、請求先の住所を入力する

④登録しているメールアドレスに完了のメールが届けば、「ChatGPT Plus」への加入が完了

※料金の支払いは月額制。解約はいつでも可能。左下の名前の横に表示される「…」をクリック↓「マイプラン」をクリック↓「私のサブスクリプションを管理する」をクリック↓「プランをキャンセル」をクリックする手順で解約できる

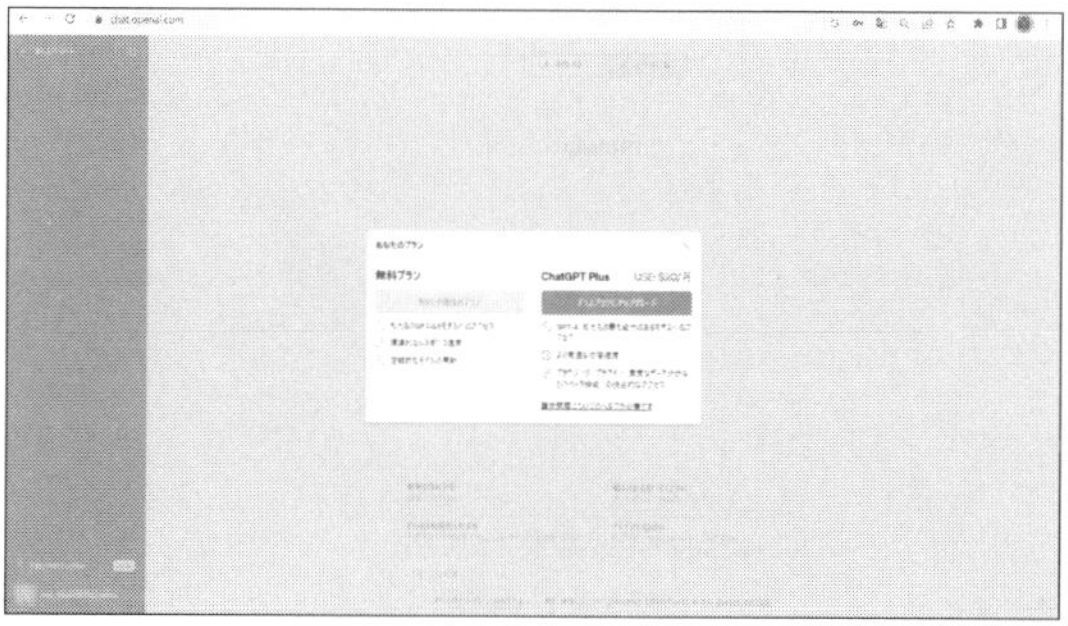

注）情報はいずれも2023年9月中旬時点

目次

Contents

Contents

第6章 PDCAを効率的に素早く回す ChatGPT無双術（前編）

Contents

第1章

キーエンス人
～付加価値創造の考え方～

付加価値を生み続ける「しごでき社員」の3大要素

仕事で成果を上げ続け、周囲から高い評価を得ている人。そんな「しごでき社員」になるための仕事術は、しっかりと言語化できます。ＣｈａｔＧＰＴのビジネス活用が進んでも重要性は変わらない、普遍的なものです。いえ、この仕事術は今後、ＣｈａｔＧＰＴによって生産性が跳ね上がることで、より理解しておくべき重要性が増すとさえ言えます。

成果を上げるために欠かせないのが、「付加価値」という考え方です。私がかつて所属していた日本屈指の高収益企業・キーエンスでも、「付加価値の高い商品を創造して、お客さまに提供すること」、しかもそれを「最小の時間と資本で提供すること」が最も大切にされています。付加価値の高い商品とは、お客さまのニーズに高いレベルで応えるものです。これでは当然のように思うかもしれませんが、お客さまが既に抱えている願望をかなえたり、不便を解消したりするというレベルではありません。**お客さま自身さえまだ気づいていない、隠れたニーズにまで応えるのが、**

付加価値の高い商品です。当然、そのニーズの存在は競合他社も気づいていません。キーエンスはこうして、お客さまに選ばれる唯一無二の商品を生み続けているのです。

　このハードルはかなり高いです。高い付加価値を生むためのプロセスこそありますが、誰もがそう簡単にまねできるものではありません。しかし、ここに革命を起こしたのが、膨大な知識を学習しているChatGPTです。本書のタイトルでは「キーエンス思考」という言葉を使いましたが、付加価値創造のプロセスには目標に対して現状、成果軸、時間軸を明らかにし、問題を特定する。あるいは様々な情報を数値として具体化し、分析するなどの高度な仕事が含まれます。そのためにはあらゆる知識や経験が必要で、自力で行うのはかなり大変です。しかし、これらの問題特定や分析にするに当たり、プロセスを理解したうえでChatGPTに適切な質問をすれば、必要な知識や示唆を引き出せるようになりました。それに沿って仕事を進めればいいので、**ChatGPTを使いこなせれば、付加価値を生むハードルは急激に下がるのです。**

　本書では、ChatGPTを活用した付加価値を生むための方法を、順を追って解説していきます。まずは第1章と第2章で、キーエンスでの経験も踏まえながら、仕事術について紹介します。

　私がキーエンスで働いていた時代に活躍していた同僚の働き方や、私自身が大切にしてきたことをひもといていくと、**「しごでき社員」になるために満たしておくべき要素は3点に集約できました。**職種や役職に関係なく、どんなビジネスパーソンにも共通します。

本書では様々な仕事術、ＣｈａｔＧＰＴの活用法を紹介していきますが、すべてがこの３要素に基づいているといっても過言ではありません。ＣｈａｔＧＰＴを仕事でフル活用し、「しごでき社員」になるために欠かせない大前提と言ってもよいでしょう。この考え方を踏まえず、むやみにＣｈａｔＧＰＴを使うだけでは、せいぜい仕事の時短に活用できる程度で、その能力を生かし切ることができません。まず始めに、「しごでき社員」になるために欠かせない３要素を明示しておきたいと思います。

「しごでき社員」になるための3要素

①プロフェッショナルの心得（Professional Fundamentals）

・時間とお金の約束を尊重する
・目的意識・目標意識・問題意識を持つ

②知識と洞察力（Knowledge & Insight）

・情報収集能力
・情報分析能力
・目標設定能力

③ 行動と実現力(Action & Execution)
・目標達成能力（問題解決力×行動力）

まず、これらがどのようなものかを簡単に紹介します。その後に、私の経験も交えながら、さらに詳しく解説していきます。

① プロフェッショナルの心得(Professional Fundamentals)

仕事をするうえで土台となる部分と言えます。これを細分化すると「時間とお金の約束を尊重すること」「目的意識・目標意識・問題意識を持つこと」の2点です。

時間とお金に関する約束を守ることは、当たり前のことのように感じるかもしれません。おそらくどのビジネスパーソンも、重要性は多かれ少なかれ意識しているはずです。ただ、実際には本当の意味で「約束とは何か」を理解していない人が多いのです。

目的と目標は混同されることもありますが、目的を時間で区切ったものが目標となり、全く別物です。例えば「生産性アップ」が目的なら、1年間や3カ月単位などで一定の期限を区切り、目的を達成するために各時点で到達すべきマイルストーンが目標です。また、目標をクリアしていく過程で、どんな問題が障壁となっているのかを意識し、明確化することが、目標達成のためには欠かせません。

② 知識と洞察力(Knowledge & Insight)

２つ目の要素が、知識と洞察力です。これは「情報収集能力」「情報分析能力」「目標設定能力」に分けられます。これらすべてに共通して、知識を持つことが大切です。日本人は意思決定ができないとよく言われますが、これは知識不足に起因するケースが非常に多いです。

例えば、バンジージャンプをしたいときに、綱が切れる確率という知識がなかったらどうでしょうか。楽しみにしていた機会でも、綱がほぼ１００％切れないという確信が持てなければ、断念する人は多いでしょう。逆に、綱が切れる確率を知らないままバンジージャンプに挑戦するのは、リスクが大きく危険です。

これは極端な例ですが、実は経営や仕事における意思決定でも同様のことが非常に多く起こっています。知識がないゆえに、成功する確率が高いのに「やる」と即決できずに終わり、チャンスを逃すケースがよく見られます。逆に、知らないうちにあまりにもリスクが大きい選択をしているケースもあります。その状態ではいくら自分や社員が頑張っても、成果は期待できません。まずは情報を集めて、分析することで示唆を見つけ、正しい知識を得る。そこから適切な目標設定につなげていくことが必要です。

③ 行動と実現力(Action & Execution)

最後に必要なのは、目的達成のための工程を遂行していく能力です。細分化すると「問題解決

■目的達成のための過程で各スキルが必要

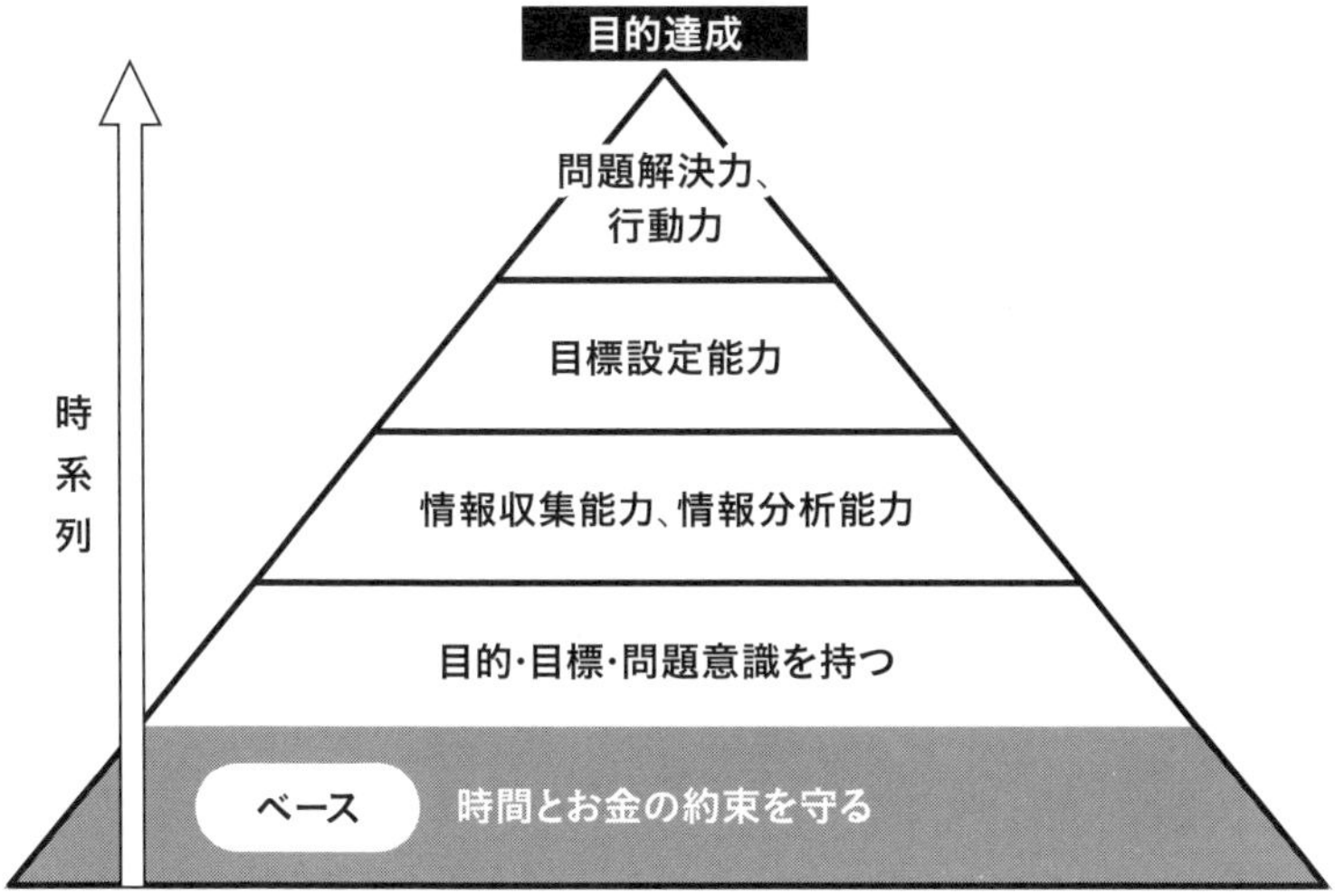

力」と「行動力」になります。問題解決力は、今起こっている問題を解決するための計画を立てること。行動力はそれを実践することを意味します。

この問題解決力と行動力は、分けて考えることがポイントです。「問題の解決は行動しながら進めていくもの」ではありません。実際には行動力が前提にあれば、多くの問題解決は机の上で終わります。このような「机上の空論」は良くないものとされがちですが、**机上の空論というのは仮説を意味します。仮説すら立てられないようであれば、問題解決はできません。**

ここまで紹介した①プロフェッショナルの心得、②知識と洞察力、③行動と実現力の3の要素は、①は土台として、②～③は成果を上げるための過程でそれぞれ必要になってくるスキルとも言えます。

Point

●全ビジネスパーソン必須の3要素を必ず覚えておく

「時間」と「お金」の約束はキーエンスでは誰一人軽視しない

まだピンと来ていない人もいるかもしれません。さらに掘り下げていきましょう。この3要素を満たすためにはどうしたらよいのでしょうか。それを達成すればどんな人材になれるのでしょうか。キーエンス時代の経験も踏まえながら、具体的に解説していきます。

3要素の1つ目・プロフェッショナルの心得では、まず時間とお金の約束を尊重することが大切だと紹介しました。キーエンスのすべての社員は必ず「時間」と「お金」の約束を守ります。例えば、打ち合わせに5分遅れた人がいたとします。遅れた本人は「たった5分」と思うかもしれません。ですが、遅れはその後のすべての工程に影響します。この場合なら、あと5分あれば出せた結論が、翌週の会議に持ち越しになるかもしれません。まず、これだけで他のメンバーに対して、会議1回分の無駄な時間を使わせてしまうことになります。

それだけではありません。結論が持ち越しになったことで、1週間の遅れが発生しています。この状況が3回積み重なれば、プロジェクト完了の期間は1カ月近く遅れることになります。一つの遅れによって、事業全体の売り上げが大きく落ちるかもしれません。そういったことを意識せず、**気軽に5分の遅刻をする人が非常に多い現実があります。**

実は私自身、キーエンスで働いていたときに、メールマガジンを担当しており、求められていたネタの提出が1日遅れたことがありました。その後、上司から約1時間にもわたって、「君が遅れたことによって、その後の工程がどれだけ遅れるか分かるか？」と、遅れてはいけない理由を理詰めで教えられたことがあります。

お金も同様です。仮に1億円の売り上げがあったとしても、もともと1000万円分の資本投下で済む予定だったものが、予算が膨らんで1億円の資本が必要になったとしたら、その事業は失敗、マイナスと評価されます。逆に同じ1億円の売り上げでも、予定通り1000万円の資本で済み、かつそこに割かれる自分や社員の時間が少なければ、資本も人の命の時間も効率的に活用されたと高く評価されます。

大企業になるほど、**大きな売り上げを生み出していても、そこに投資する資本と、割かれる社員の時間が大きくなりすぎている**ケースが多くなります。費用対効果や投資対効果について理解しているつもりでいても、自分の5分の遅刻がそれらを下げることにつながっているとは考えていないのです。

■その仕事がどれだけの人に影響するのか

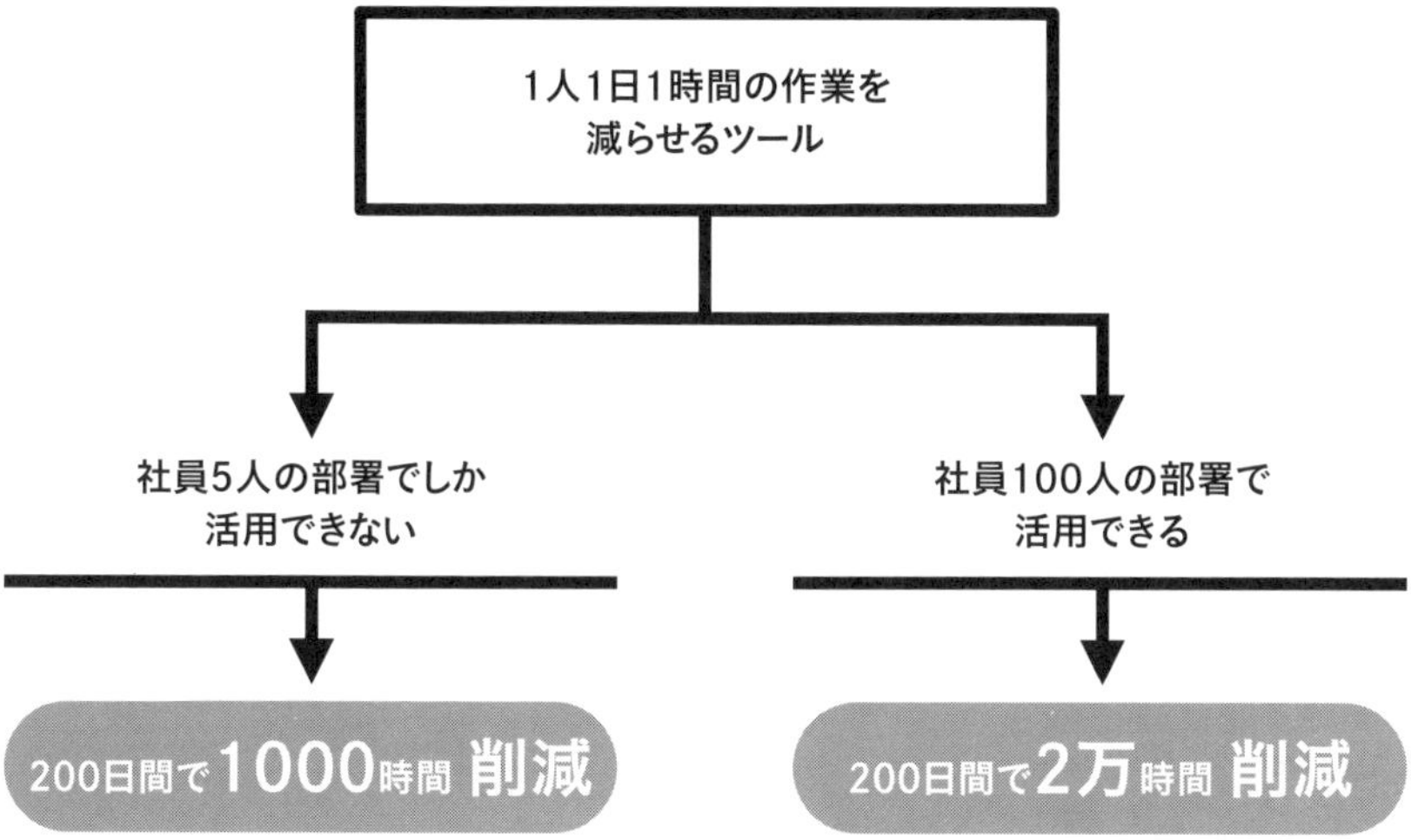

私がキーエンスに在籍していたのは２００８〜２０１２年頃ですが、とにかく上司から「それは何のために？」といった問いを投げかけられていました。例えば、「エクセル（Microsoft Excel）のマクロで仕事を自動化したい」と提案すれば、「何のために？」と聞かれます。「〇〇の作業工程が削減できる」と答えると、次に聞かれるのは「影響力はどれぐらいあるの？」です。もし、自動化を実現できたとして、恩恵を受けることができるのが５人の部署のメンバーに限られているとすれば、その提案は通りません。「他にやることはないの？」と言われます。

これも時間とお金の意識に基づく考え方です。例えば、５人の部署で１日１時間を削減しても２００日間で合計１０００時間の削減にしかなりませんが、１００人の部署で全員が１時間ずつ削減できれば、合計２万時間の削減になります。**価値が高いのはどちらかを考えたうえで、より多くの社員の生産性を上げるために役立つ仕事が求められました。**この場合、5人の部署で1人1時間の作業時間を削減できる仕事は、無駄とは言いませんが、他に優先すべき仕事がある、ということです。

時間の約束はChatGPT活用で確実に守る

キーエンスでは一般的に考えられているよりはるかに高い次元で「約束を守る」ことが大切にされていることが分かったと思います。

時間の約束についても、ぜひ取り入れてほしいテクニックがあります。私の好きな考え方でもあるのですが、北の達人コーポレーション代表の木下勝寿氏が提唱する「ピッパの法則」というものがあります。これは「ピッと思い付いたら、パッとやる」という行動法則で、「その場ですぐやるか、すぐできない場合はいつやるかをその場で決める」といった内容が紹介されています。

私は「ピッパの法則」にヒントを得て、何か仕事を頼まれたら、**一旦30分などの短時間で8割方の作業で終わらせておき、残りの2割を納期までじっくり考える**という仕事の進め方が理想だと考えました。あらかじめ構造を練ったうえで、さらにしっかり考えれば、納期までにかなり濃い内容で結果を出すことができるはずです。

このテクニックを紹介した理由がもう一つあります。「短時間で8割の仕事を終える」ために

ＣｈａｔＧＰＴが大いに役立つという点です。

◇　◇　◇

少しだけ、本書でこの先に紹介している内容に踏み込ませてください。例えば、上司に「社内で新商品提案のプレゼンをしてほしい」と言われたとしましょう。まずは、ＣｈａｔＧＰＴに「プレゼンの構成を提案させる」といった方法で、あっという間にたたき台が出来上がります。こうした基本的な使い方は、第３章からで具体的に紹介します。

一方で、それだけではＣｈａｔＧＰＴを活用し切れているとは言えません。「上司はなぜ新商品の提案を求めているのか」などをより深く考察することで、より評価される提案ができるはずです。

実は、ここでもＣｈａｔＧＰＴが大いに活躍します。ただ単に作業量の「８割」が終わるだけではありません。従来の仕事を短時間で終わらせられるのに、仕事の質も向上させられる方法も本書では紹介しています。

◇　◇　◇

約束の話に戻します。お金の約束については、日本では「お金のために仕事をすること」はよくないという考え方をする人もいますが、このマインドセットは今すぐ変えましょう。「これから

1カ月間、あなたには報酬を一切あげません。でも、働いてください」と言われたら、ほとんどの人は働かないと思います。非常に理不尽な話ですし、現実的にそれでは生活できません。**私たちがきちんと生活していくうえで、お金を得ることはそれだけ大切なこと**なのです。「お金のために仕事をすること」は、資本主義でのルールであり、生活するために欠かせません。そして、本書で解説している付加価値を生み出す仕事をしていれば、自然とお金がついてきます。

お金の約束とは、期限までにきちんとお金が支払われることを意味します。企業の経営者はもちろん、個人間のお金のやり取りにも当てはまることです。もし、お金の約束がきちんと守られていない場合、会社であれば、「あの会社は資金繰りが厳しいのではないか」と噂されるかもしれませんし、個人間であっても、人間関係が壊れる要因になる可能性があります。きちんと約束をして、きちんと守る。当たり前ですが、信頼関係の観点でも非常に重要です。

時間とお金の約束を高いレベルで守る。当たり前のようですが、これが「しごでき社員」になるための3要素の1つであり、第一歩となります。

Point

●「時間」と「お金」の約束は高い水準で必ず守る

目的意識と目標意識があれば自然と問題意識も生まれる

冒頭で紹介した3要素の1つ目・プロフェッショナルの心得として、時間とお金の約束を尊重することに加えて大切なのが、目的意識・目標意識・問題意識を持つことです。

これらの関係性について、整理しましょう。まず、どんな事業にも、クリアすべき問題があるはずです。それらの諸問題を解決していく段階的なゴールが目標です。そして、目標を一つずつクリアした先にある最終的な到達点が、目的（の達成）です。つまり、現状から目標・目的の達成に向けて進もうとしたときに、障壁となるものが問題ということになります。

正しい目的と目標を設定するためには、「聞く」ことが不可欠です。これはお客さまや市場のニーズをくみ取ることはもちろん、社内のコミュニケーションでも同じことです。例えば、飲食店の店長さんなどで、「部下のことが全然分からない。だってあいつら、俺の言うことを聞かないから」とおっしゃる方がいます。どこがおかしいか分かるでしょうか。自分の言うことを聞かないことが問題なのではなく、部下の話を聞かずに自分ばかりしゃべっているから、部下のことが分からないのです。

では、どうすればよいか。従業員の方たちがそれぞれどんな理由でこの店で働いていて、何を成し遂げたいと思っているのか、何が強みで何が弱みなのかを知るために、きちんと話を聞くことが必要です。部下のことが分かっていれば、もし何か問題が起きた場合でも、それぞれの強みや弱みを考慮して方向性を一緒に考えることができます。

キーエンスでは社内でも「聞く」から入るコミュニケーションが常に基本でした。なぜなら、キーエンスは「市場は何と言っているのか」から商品を設計するマーケットイン型組織なので、社内のコミュニケーションにおいてもマーケットインならぬ「部下イン」のコミュニケーションが自然と行われているのです。

間違った問題の正しい解決策ほど厄介

多くの人は問題について、目標を達成するための障壁として捉えていません。「自分がなんとなく課題だと思っていること」を問題として捉え、解決しようとしています。ですが、それを問題にしたところで目標は達成されません。**目標に対して、その問題設定が果たして適切なのかどうかを考えることが、本当の問題意識**なのです。中には問題意識すら持っていない人もいるのです

■問題を解決した先に理想の未来がある

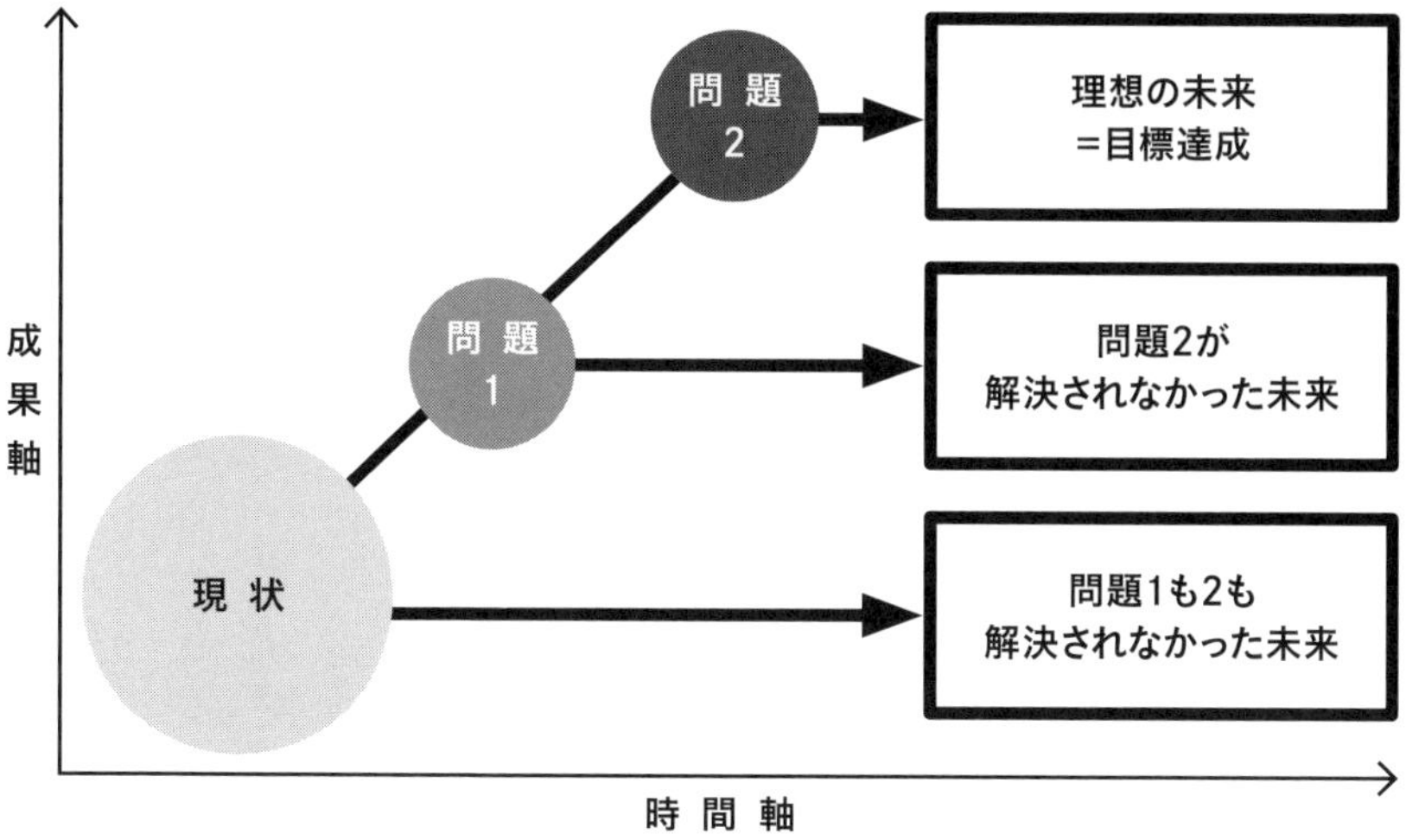

が、そういう人たちはそもそも、目的意識や目標意識も持っていません。目的や目標がなく、理想とする未来がないので、当然問題も出てこないのです。

問題の構造には時間軸と成果軸があり、それらを達成した理想の未来が目標です。そして、現状から目標に進もうとしたときに障壁となるものが問題ということになります。もちろん、問題は一つではないケースが多いです。図解すると、上のような形にまとめることができます。

「社員のモチベーションが低く、成果が出ない」という上司の悩みをよく耳にします。そしてそのために部署のメンバーで飲み会を開いたり、ディスカッションをしたり、会議で意見を出しやすくしたりするのですが、多くの場合は成果につながりません。

例えば、営業職で飲み会などの「社員のモチベーションを上げるための取り組み」を実施したとします。その直後は部員も気分が盛り上がり、勢いよく営業先に出向くかもしれません。ただ、モチベーションだけが上がった営業のプレゼンテーションは多くの場合、お客さまからするとうっとうしく感じるものです。そして、成果が出ないのでモチベーションはあっという間に下がっていきます。

問題は、**成果を上げるための仕組みができていないのに、モチベーションだけを上げてしまった状態になっている**ことです。ですが、このような状況がそもそも問題だと認識されないケースも多い。一時的とはいえ、モチベーションを上げること自体はできたので、解決策は正しかったと勘違いしてしまうのです。成果につながらなかったということは、「モチベーションが上がらないことが、成果が上がらない原因」という問題設定自体が間違っているということになります。

Point

- **常に目的意識・目標意識・問題意識を持つ**
- **今抱えている問題意識が目標達成に直結するかを点検する**

情報に基づく知識こそ生命線。世界初を生む付加価値の秘密

次に、冒頭で提示した3要素の2つ目・知識と洞察力に進みましょう。最終的なゴールである目的を設定するときには、それが最小の資本で最大の付加価値を生み出すものになっているかどうかをしっかり考える必要があります。

この章の冒頭でも触れましたが、ここで本書のタイトルにもなっている付加価値とは何かを、さらに解説しておきたいと思います。

前提として、そもそも**「価値」自体の概念を知っておく必要があります**。例えば、10万円の商品に対し、お客さまが「欲しい」と感じ、料金を支払うだけの対価があると考えれば、そこには価値があると言えます。10万円の料金に見合う高い性能や斬新な機能があるかどうか、ではありません。商品が備える性能や機能がお客さまに響かなかったとしたら、そこには価値がない、と

いうことです。

価値とは、お客さまが決めるものです。

具体的に、あなたが日々行っている仕事が価値のある仕事かどうかを見極められる「３つの問い」を紹介します。

> **① お客さまの「買う」という意思決定に影響を与えたか**
> **② お客さまが商品やサービスを買った後、頻繁に使っているか**
> **③ お客さまがそれを使うことで、その人の生活や仕事の役に立っているか**

あなたの説明や行動で商品やサービスを買う人がいるなら、①は満たせたと言えます。価値のある仕事です。また、①が起こらない限り、当然ながら②と③は起きません。①だけでも満たしていれば、価値のある仕事だと言えます。ですが、日々その仕事の価値の有無を判断し、より価値のある仕事をするために、３つの問いを常に意識するべきです。

こうした価値の中でも、**付加価値とは「お客さまのニーズを源泉とし、それを満たすもの」**と定義できます。「価値がある」商品は選ばれます。ただ、より高い付加価値を備えた商品を目指すことで、お客さまに選ばれ続け、喜ばれるようになっていきます。

お客さまの「潜在ニーズ」を徹底して追求する

付加価値におけるお客さまのニーズとは、「顕在ニーズ」と「潜在ニーズ」です。

顕在ニーズとは、「○○したい」「△△になりたい」といった、お客さまが明確に示している願望です。これは分かりやすいので、顕在ニーズに応える付加価値をつくり提供することは、比較的容易と言えます。

重要なのが、潜在ニーズに応える付加価値をつくり出すことです。潜在ニーズとは、お客さま自身も気づいていない、他人からの質問や体験などによって初めて気づくようなニーズです。当然ながら、付加価値を提供する側が発掘する工夫が必要であり、難易度は高いです。ですが、潜在ニーズを徹底的に追求することで、付加価値の高い商品を作り続けることができるのです。

付加価値の構造について、より具体的に解説しましょう。

まずは原価があり、次の階層として顕在ニーズに基づく付加価値があります。お客さまの期待に応えることは当然です。

それ以降の階層は潜在ニーズに基づくものですが、大きく2段階に分けられます。まずは「より深い付加価値」と示した階層です。これは前述したように、お客さまがまだ気づいていないニー

■「潜在ニーズ」の追求で付加価値最大化

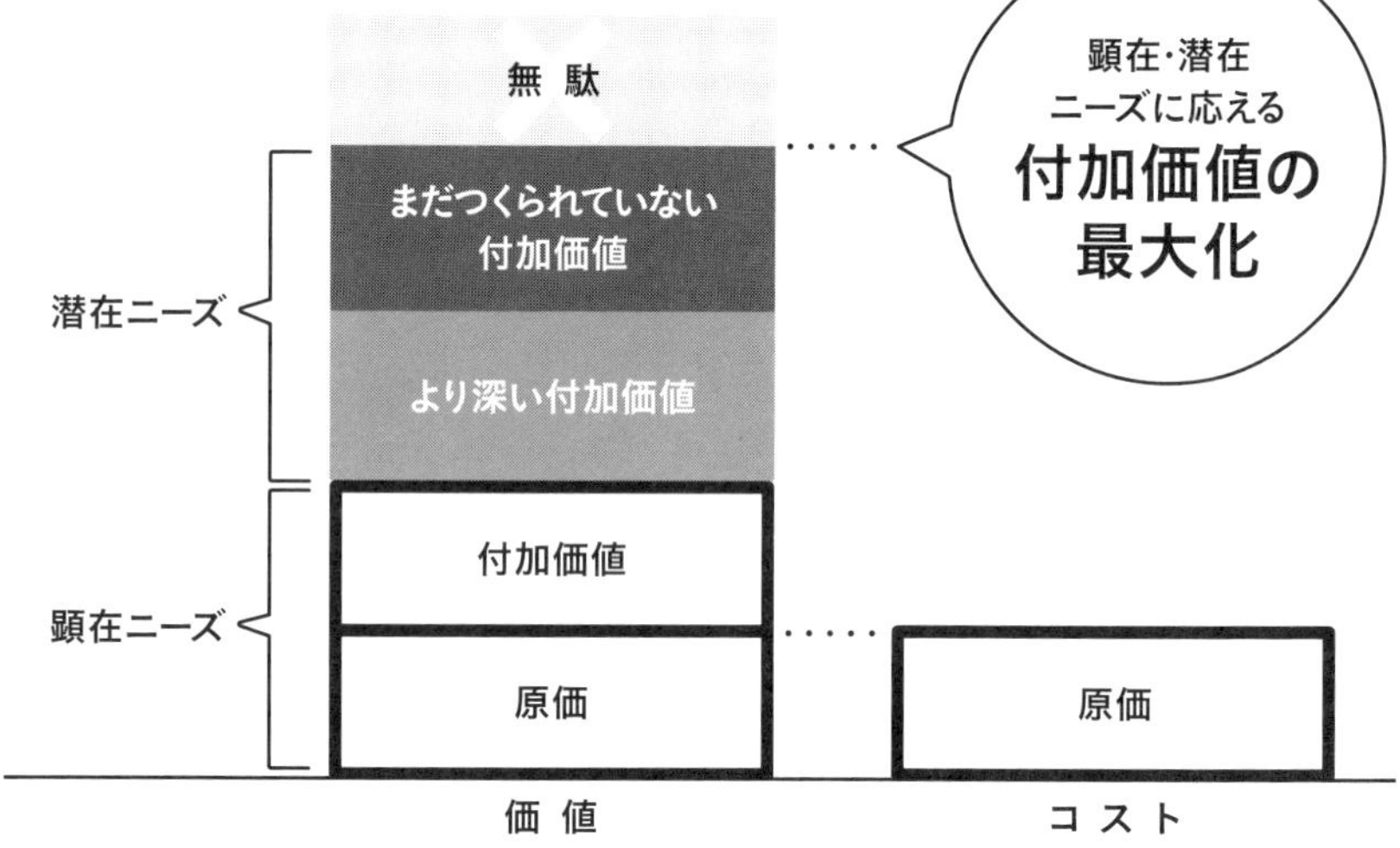

ズに応えるものです。

そして、その先として最終的に「まだつくられていない付加価値」という階層があります。まだ誰もそのニーズをかなえたことがない、未知の領域とも言えます。

キーエンスでは徹底したコンサルティングセールスによって、この「まだつくられていない付加価値」の領域に到達する商品を探り、生み出しています。「まだ誰もかなえたことがないニーズを満たす商品」＝「世界・業界初の新商品」になるのは明白です。実際、キーエンスの新商品の7割は世界・業界初の商品です。

なお、世界初などと言うと「画期的な技術」「超高性能」などのキーワードが思い浮かぶかもしれませんが、それだけではありません。お客さまの課題や疑問点を深掘りし、新しいアイデアや仕様を組み合わせるなどすれば、世界・業界初の商品は生み出せます。

勘違いしないよう注意したいのは、「相手の期待を上回るように」と張り切って、お客さまのニーズを超えてしまうと、それは付加価値ではなく「無駄」になってしまうという点です。例えば、今使っている掃除機の吸引力に100％満足しているのに、さらに吸引力を高めようとする取り組みは無駄と言えるでしょう。そこにはニーズがないからです。なお、付加価値については前著『付加価値のつくりかた　一番大切なのに誰も教えてくれなかった仕事の本質』（かんき出版）でも紹介しています。

情報収集は意思決定のために欠かせない

意思決定には知識が不可欠です。例えば、私は営業のノウハウに関して一定以上の知識を持っているので、お客さまに営業をして仮に断られたとしても、何かマイナスの結果を生むことはありません。あくまでもプラマイゼロとなるだけです。ところが、営業ノウハウの知識がない人だと、がむしゃらに売り込もうとしてお客さまに断られたうえ、嫌われて帰ってくることがあります。行動を起こしたのは良いですが、マイナスの結果を生み出してしまっているのです。

これは、経営者レベルでもよく起きていることです。「この事業を始めていいのだろうか」「海外からの値引きに応じていいのだろうか」といったことは、知識があれば適切に意思決定できるはずです。知識がないまま対応するために、良くない結果を招いてしまうのです。

そして、知識を得るためにまず必要なのが情報収集です。情報がなければ適切な意思決定ができず、結果的に目的・目標・問題設定が間違ったものになってしまいます。

情報は「付加価値」実現を念頭に分析する

情報収集を行った後は、分析が欠かせません。そこまですれば、自然と正しい目的・目標を設定できます。例えば、飲食店で売り上げや時給は上がっていないのに、人件費だけが高くなっている情報が得られたとすれば、それは余計なシフトが組まれている可能性があると考えられます。すると次にするべきことは、店長全員に適正なシフトの作り方を教えて人件費削減を進めることになるでしょう。

あるいは営業職で、20社（人）のクライアントのうち、売り上げの8割を3社からもらっているとしましょう。これを分析すると、前述の3社のお客さまにはどのような傾向があるかという示唆が生まれるはずです。すると、「3社と同様の傾向を持った、ロイヤルクライアントになる可能性が高いターゲットに対してアプローチする」という目的が立ちます。

情報収集を行った後、それに対して最小の資本で最大の付加価値を実現するためにはどうすればよいかの分析をすることで、示唆が得られます。その示唆を目的として設定することで、次に取るべき行動が見えてきます。

また、情報収集を行うに当たっても、ＣｈａｔＧＰＴが大きな助けとなります。ＣｈａｔＧＰＴは基本的に２０２１年９月以降の情報は有していないので、最新の動向などを聞くことはできません。しかし、どんな情報を収集すべきなのか、収集した情報をどう分析すればいいのかといった場面で、極めて有効なアドバイスを与えてくれます。

Point

- **付加価値を見つけるカギは潜在ニーズ**
- **知識があれば正しい意思決定ができる**

成功プロセスを再現するため十分な行動力が欠かせない

「しごでき社員」になるための3要素の最後に、行動と実現力を挙げました。具体的には問題解決力と行動力ですが、目的・目標・問題設定が正しければ、あとはそれらを実行していくための工程を設定に沿って行っていく力が重要です。

私がキーエンスにいた当時には「成果アクション」という考え方がありました。これは、「成果」「アクション」「施策」の関係性を指標化したものです。ここでいう成果とは、「成果額1000万円」のような目指すべき成果、そしてアクションは、「既存の重要顧客10社に対してこんなアプローチをする」のように、成果を達成するために取るべき行動量の目標です。そして施策は、成果を上げるためにどんなアクションが必要なのかを考えるプロセスを指します。

ここで重要になるのが「行動量必達」という考え方です。もし、行動量も目的も達成していれば、おそらく施策も正しかったと考えられます。行動量は達成しているのに成果が未達成であれば、施策に問題があります。施策を見直すことで次に同様の仕事をするときに、成果を達成する確率を高めることができます。

ですが、行動量が達成できていないと、行動が足りなかったのか、施策が悪かったのかを判断することができず、次の仕事に向けて得られるものが極めて少なくなります。そのために、行動量の目標は必達になるのです。

少し高度になりますが、「ストラクチャリング思考」も重要です。

まず、仕事には基本となる仕組みやプロセスがあります。私はこれらを「構造」と呼んでいます。そして「構造化」は、目の前で起こっている事象をただ見るだけでなく、それが起こった原因となる仕組みやプロセスまで考えることを指します。ストラクチャリング思考とは、こうした構造化に基づく思考法です。

例えば、営業職なら、お客さまとの信頼関係を築いた後にニーズを聞き出し、そこに対してプレゼンテーションを行うのが正しいプロセスです。ところが、そのプロセスを知らずに、あるいは無視して、突然プレゼンテーションをしてから信頼関係を築き、ニーズを聞こうとするような人がいます。ピストルを撃って的に当てるためには、通常は「構える」「狙う」「撃つ」というプロセスをとりますが、この例に当てはめると、この営業職の人は「まず撃ってから狙って構える」という動きをしているようなものです。順番が違うので、これでは当然、うまくいきません。

目的や目標を達成するための行動力は必要ですが、同時に問題をどう解決するかを考えることも重要です。そして、問題を解決するときには、その問題自体がどんな構造になっているのかを理解する必要があるのです。なお、ストラクチャリング思考については、私の1冊目の著書『構造が成果を創る～価値を構築するストラクチャリング思考と手法～』（中央経済社）に詳しく書いていますので、もし興味のある方はそちらをお読みいただければ幸いです。

Point

●行動量が十分ならば、次回の成功確率を高める気づきが見つかる

勉強ができる？頭がいい？記憶力を上げるためのコツ

　ここまでで既に、「しごでき社員」になるための3要素や付加価値など、様々な内容を紹介してきました。この後も、色々な内容を解説していきます。

　一度に覚え切れないと思ったり、本書の内容にかかわらず、日々「新しいことを覚えられない」と悩んだりしている方は多いかもしれません。それが普通なので、安心してください。「エビングハウスの忘却曲線」という理論では、人は20分後に42％のことを忘れ、1日後には74％のことを忘れてしまうとされています。つまり、人は誰でも忘れるものなのです。

　では、記憶を定着させるためにはどうしたらよいのでしょうか。ここで重要になるのが、アウトプットです。こちらは「エドガーデールの学習の法則」というものがあり、聞いているだけでは20％しか記憶が定着しないのに対して、書くことで70％、人に教えることで90％定着させることができるとされています。頭がいいと言われる人は、人に教えています。学生時代も、クラスの勉強のできる人は周囲の友人に勉強を教えていたのではないでしょうか。人に教えることでさらに記憶が定着し、その人はますます賢くなるという循環が起きていたのです。

「はじめに」で、社員全員が本書のノウハウを身に付けたら、生産性が圧倒的に変わるだろうと書きました。もし、あなたが経営者や管理職で、本書で紹介している内容を自分が身に付けるだけでなく、社員や部下にも共有したいと思ったら、本書を渡すことに加え、特に重要だと思った点は説明を加えるといいでしょう。自身の理解も深まるはずです。

人に教える機会がない場合は、メモの習慣を付けることで記憶の定着率を大きく高めることができます。仕事のできる経営者の方たちは、皆必ずノートをとっています。でも、それを見返すかというとそうでもなく、「1年に1回くらい見返す」「見返すことはなく捨てる」といった答えが返ってきます。見返すことが目的ではなく、その場の思考を書くことが重要なのです。

人の脳には傾向性があるので、それをうまく使えばものごとを覚えるのはさほど大変なことではありません。「記憶力がいい」「勉強ができる」「頭がいい」と言われる人は、脳の使い方がうまい人たちということです。

第2章

キーエンスに学ぶ プロの前提条件と必須条件

「しごでき社員」になるための2つの「前提」を覚えておく

キーエンス流の働き方をもう一段階、掘り下げて紹介します。私が所属していたのはもう10年以上前のことにはなりますが、キーエンスには、「プロフェッショナルの前提条件」と「プロフェッショナルの必須条件」という考え方があり、これを日々いかに意識するかが重視されていました。前提条件は仕事に臨む準備や心構え、必須条件は実際に仕事をする際の注意点や検証項目などと分けられます。

いずれも、日々の仕事で比較的意識しやすいレベルに落とし込まれています。第1章で紹介したプロフェッショナルの心得、知識と洞察力、行動と実現力の3要素（28ページ）をすぐに満たすのが難しい人は、まずこの前提条件と必須条件を満たすことから始めてもよいかもしれません。また、経験豊富なビジネスパーソンは当たり前に実行している内容も多いかもしれませんが、確認の意味でも詳しく解説していきます。まずは、前提条件からです。

プロフェッショナルの前提条件

① 高い業績を上げる強い意欲と情熱を持っているか

② 自分の強みと課題を理解しているか

① 高い業績を上げる強い意欲と情熱を持っているか

世の中を見渡すと、「業績を上げることに対する意欲」がそこまで高くないビジネスパーソンが多いように感じます。これはもったいないことです。業績が上がっている状態は、キーエンス流に言うと、「付加価値があって収益が出ている状態」です。つまり、**高い付加価値をつくり上げてそれをお客さまに買ってもらい、お客さまの役に立った状態**が「業績を上げられている」ということになります。業績を上げることに対して強い意欲や情熱を持たず、目の前の仕事をこなすだけの人はもったいない。業績を上げようと、目の前の仕事をこなすだけだろうと、費やすのは同じ時間です。**高い業績を上げることができれば、多くの選択肢（自由）が手に入ります。**逆に仕事をこなすだけの人の選択肢（自由）は、どんどんなくなっていきます。仕事ができる人は、周囲の人たちがどのような仕事をしているか、その中で自分は何をしているのかを分かったうえで、業績を上げるための行動をとっているのです。

② 自分の強みと課題を理解しているか

自分の強みと課題（弱み）を常に意識しているかどうかも重要になります。誰でも必ず両方を持っているはずですが、強みだけを見ようとする人や、課題だけに目を向ける人もいます。両方を認識したうえで、**弱いところは解消するか目立たない程度に小さくし、強みを伸ばしていくことが必要**です。

自分の強みや課題が分からないという場合は、ＣｈａｔＧＰＴに１対１コーチングをしてもらうことで、見えていなかった部分をあぶり出していくことが可能です。詳しくはＣｈａｔＧＰＴの基本的な使い方の解説を踏まえたうえで、第７章（１８８ページ）で紹介します。

Point

- **業績が上がっている＝付加価値がつくれている＝未来の選択肢（自由）が手に入る**
- **自分の強みと課題を常に理解しておく**

成果を上げるために「必須」の8つの原理原則を理解する

プロフェッショナルの必須条件は8点あります。

もしかすると「会社からはそんなことは言われていない！」「人事評価制度にも入っていない！」という人もいるかもしれません。ですが、この考え方は会社という仕組みの中で働く人には常に求められている概念です。企業の人事評価制度より上位、つまり人事評価制度の目的となる内容です。

自社の人事評価制度などに明文化されていなくとも、この**必須条件に沿って仕事をしていると、「しごでき」社員として見られます。**

次のページから、それぞれ紹介します。

プロの必須条件

①売り上げと経費削減につながる企画が出せているか
②最小の時間と費用で進めることを常に意識しているか
③判断は市場原理と経済原則に基づいているか
④当事者意識を持って気づきを発信できているか
⑤自分の意見・考えを持って、報・連・相できているか
⑥因果関係〝なぜ〟をはっきりさせているか
⑦大事な事柄を周囲に十分浸透させているか
⑧満足な結果が出せているか

——①売り上げと経費削減につながる企画が出せているか

まずは、売り上げと経費削減につながる企画が出せているかどうかです。キーエンスに限らず、企業の最終的な利益は売り上げから経費を引いたものになるので、売り上げを上げる、あるいは経費を下げることは当然求められます。

——②最小の時間と費用で進めることを常に意識しているか

等しく高い付加価値を生み出す場合でも、そのために多くの時間と費用をかけるのか、もしく

は少しの時間と費用だけで実現するのかで利益幅は大きく変わります。そして、この利益は、私たちの給与の源泉でもあります。資本はお金だけでなく、かける人数も考慮すべきです。例えば、同じ1億円の利益を上げたとしましょう。これに10人が関わっていたら、１人当たり１０００万円もの利益を生み出したことになりますが、20人だとしたら１人当たり５００万円にしかならないわけです。いかに少ない人数で、高い付加価値を出せるかが大切です。

つまり、**付加価値は私たちの収入の源泉なのです。**いくら働いても収入が上がらない企業や人は、「最小の時間と費用で進めること」の概念が常に意識されているかを自分、所属している組織に対して問い続けるのがよいと思います。

③判断は市場原理と経済原則に基づいているか

まず重要なのが、市場原理です。とても簡単に言うと、自分の都合ではなく、お客さまなどの相手の気持ちを考えて仕事をできているかどうかです。仕事をしていると「新商品を出さないといけない」「自社の商品を売らないといけない」というモチベーションで仕事をしがちです。ただ、それはあくまで自分たちの都合です。それらは一旦置いておき、**「それに対して、お客さまはどう考えているのか」を立ち止まって一考することが大切**です。例えば、セールストークはお客さまに刺さっているのか、メールマガジンやダイレクトメールはお客さまに受け入れられているかを逐次チェックするだけでも、結果は違ってくるはずです。

一方で、「経済原則に基づいているか」はつまり**「その仕事によってちゃんと収益が出るのか」**

ということです。市場原理と経済原則にきちんと基づいていれば、自ずと「お客さまが喜んで、かつ売り上げも上がる」仕事になるわけです。どちらかだけではダメで、両方を満たしていることが重要になってきます。

また、市場原理や経済原則のような一般常識を知るうえで、ＣｈａｔＧＰＴは非常に役立ちます。このあたりの有効なプロンプトも、第３章以降で紹介します。

④当事者意識を持って気づきを発信できているか

これはつまり、仕事を「自分事」として捉えられているかどうかです。漫然と仕事をせず、会社の一員である当事者意識を持って働いていれば、様々な問題に気づけるアンテナが張れるはずです。そして、気づきを得たら発信することが欠かせません。

具体的に、キーエンスであった例を紹介します。私がキーエンスで働いているときに、社内で書類を封筒で郵送する「社内便」というものがありました。こうした社内便がある企業は少なくないと思いますが、キーエンスでは、その封筒の口が絶対に開いていました。なぜかというと、あるとき、事務として働いていた方が、「社内で書類を紛失するリスクなど少ないのに、毎回封を閉じて、今度はそれをカッターで切って開封する時間は無駄。自分だけではなく、全社員にとってそのはずだ」と気づき、発信したからでした。

一通の社内便で削減できる時間は1分にも満たないかもしれません。ですが、1日１００人の1分を削減できれば、60日で１００時間になります。この積み重ねで、年間で言えば単純作業にかける時間を数百時間も削減でき、その分を他の付加価値を生み出す仕事に回せるわけです。まさに当事者意識を持つことで気づきを得て、発信することで「最小の時間で最大の成果を生む」好例だと思います。

⑤自分の意見・考えを持って、報・連・相できているか

報告・連絡・相談のいわゆる「報・連・相」は大切です。上司に対して報・連・相をするときは、必ず一緒に自分の考えを伝えましょう。

「○○という相談があるんですけど」と言うだけだと、上司は「○○について君はどう思っているの？」「君は何がしたいの？」と思うはずです。その答えとなるのが自分の考えです。報告にしても同様で、「こんなことがありました」だけではなく、**「それに対して、こうした方が良いと思っています」などと伝えるべき**です。自分の意見を伝えると、「でも、こんな考え方もあるよ」と上司に言われるかもしれませんが、それは「こんな考え方もあるよ」という提案であって、否定だと捉える必要はありません。

自分の考えは練り上げられたものではなく、ちょっとした理由がある企画・提案レベルで構いません。仮説であっても、上司は指示が出しやすくなるので「7割方はいいんじゃない」「これとこれが課題かな」などと、有意義なアドバイスがもらえるはずです。

⑥因果関係〝なぜ〟をはっきりさせているか

第1章（28ページ）で問題意識を持つことの重要性を紹介しました。目的を達成するために「本当にそれが問題なのか」を問い続けるという話と密接に関連しますが、詰まるところ、**物事の因果関係を整理できていないと、正しい問題設定はできません。**常に「○○が原因で、△△という結果に結び付いている」とはっきりさせている状態が大切なのです。

　意外と多くの企業で、これができていない印象を受けます。よくあるのは「人が足りないから結果が出せない」という間違った因果関係。例えば、このときの問題が、集客が少ないことだとしましょう。「足りないのは人数ではなく、人のスキルではないか」「メディアへの協力アプローチが足りないのではないか」「ビジネスモデル自体が間違っているのではないか」など、すぐに他にも様々な理由が思い浮かびます。実際に現場で何が起きているのかを整理すると、多くの場合で正しい因果関係が見えてきます。

　実は、私もキーエンス時代、「この問題を解決するために、こんなツールを作った方がよいと思います」と提案したときに、「問題は本当にそれで合っているのか？」と因果関係の正しさを何度も問われました。

　もう一つ、私がキーエンスにいたときに重要だと感じたのは「成功要因」もはっきりさせることです。つまり、「なぜ売れなかったのか？」（失敗要因）だけではなく**「なぜ売れたのか？」（成功要因）も明確にする**のです。多くの企業では、失敗要因しか把握しようとしません。成功要因をはっきりさせれば、一人の社員が成果を上げた過程に再現性を持たせ、他の社員も同じ過程をたどることで成果を上げるという「成功の横展開」につながります。

⑦大事な事柄を周囲に十分浸透させているか

経営者なら社員、中間管理職なら部下、一般社員なら一緒に仕事をするチームのメンバーなどに対し、「仕事を進めるうえで大切なこと」が十分に浸透している状態を保つことも大切です。

分かりやすい例が、経営者が末端の社員まで、経営理念を理解させられているかどうかです。「時間を大切にする」と理念に掲げているのに、その会社の社員がいつも遅刻してくるようだと、取引先の企業はどう思うでしょうか。信用が失墜して終わりです。このような大事な事柄であればあるほど、ブランド価値にも直結します。それが守れていないようだと他に何を言っても、相手には全部嘘に感じるというリスクが生じます。

大事な事柄というのはつまり会社やチームの「判断軸」になるものです。自分が中間管理職なら部署の存在意義など、プロジェクトリーダーの場合はそのプロジェクトの目的や解決すべき課題などを、各人が十分理解して仕事をしているかに対して、常に気を配るべきです。これができていないと、部署やチームは誤った方向に向かってしまいます。

キーエンスでは、「最小の資本と人で最大の付加価値をあげる」に直結する項目が、人事評価のシートに載っていました。面談のたびに、上司とすり合わせを重ねることで、自然と大事な事柄が意識できるようになります。必ずしも評価基準である必要はありませんが、こういった確認作業の積み重ね、すなわち「浸透」は重要な意識づけと考えられます。

⑧満足な結果が出せているか

いわゆるPDCAのCAに当たる部分ですが、おろそかにしてしまっている企業やビジネスパーソンは意外に多いようです。目的を達成したらそれで満足、未達なら未達で終わってはいけません。結果を振り返って、うまくいったことは再現できるようにする。うまくいかなかったことは二度と起こさないようにする。これが成果を上げ続けるための基本です。振り返るのは、プロジェクトが終わったときだけではありません。一定期間ごとに目標の結果に対する振り返りを行うことで、プロジェクトの精度も高めていけます。

プロジェクトなどで結果が出るたびに、「そもそもの目的や意図は何か」「どのような工夫やアクションをしたか」などを一つ一つ検討し、再現可能な価値を見いだします。この「再現可能」という部分が大きなポイントです。

例えば、平均成約率4割だった営業社員が、頑張って6割を達成し、月間売り上げがプラス100万円になったとします。これを1年間継続できたら1200万になります。そんな営業の人が1人ではなく100人いたら、企業としては年間12億円も売り上げが伸びます。つまり、平均成約率を4割から6割に上げるプロセスが再現可能なものだとしたら、年間12億円もの価値があります。

その他、価格的に不利な条件なのに、顧客が競合ではなく自社を選んでくれることがあるかもしれません。そんなときでも「やった！」で終わらず、勝因を分析すべきです。しっかりとした分析結果が出せて、すべての営業の人に教えられる再現可能なノウハウができたとしたら、その競合企業と争う案件はかなり高い確率で勝てる。再現可能性には大きな価値があるのです。

十分な結果が出せているかを検証する。さらに、**検証・分析した結果を個人レベルにとどめるのではなく、全社的に再現可能なレベルまで突き詰めてパッケージングする。**とても大切なことですが、ここまでやっている人は少ないように思います。

Point

- **8つの条件に合致するかを定期的に振り返る**
- **成功したら「再現性」があるかを検討する**

他部署の人の働き方も
お客さまのことも十分把握する

ここまでで、自分がどういった心構えで仕事に臨み、どんな原理原則に基づいた働き方をすればよいかを解説してきました。加えて、周囲の人のことを知る重要性について触れておきます。

私がキーエンスでよく聞かれたのが、**「お客さまは何と言っているの？」**という質問です。

世の中のすべての会社は「市場に対して価値を提供するため」に存在します。そして、価値とは「誰かのニーズに応えること」であり「問題を解決すること」です。極端な話、お客さまは、売る側の私たちの事情は関係ないのです。

自分たちとは違う生活を送っている人のことをよく知ったうえで、彼らにどんなソリューションを提供すれば、日々抱えている問題を解決できるのか。それだけが会社の価値です。

顧客の問題を聞き、解決するための商品を提供していく考え方を「マーケットイン」型の発想と言います。既存顧客に対し、特注品のような形で商品を提供する場合は、ほぼ買ってもらうこ

■キーエンスでは「高付加価値標準品」を目指す

	成果の出ない組織	プロダクトアウト型	従来のマーケットイン型	新マーケットイン型経営
企業例	様々な会社	メーカー・製造業	特注対応企業	キーエンス
在り方	売る	売る	お客さまの買いたいものをつくる	お客さまの困りごとの解決
新商品市場規模分析	していない	市場動向ベース	既存案件ベース	積み上げ式と市場動向の双方
トレンドの把握	していない	属人的	属人的	時代の3〜5年先
商品(標準品・特注品)	様々	標準品	特注品	高付加価値標準品
商品企画成功確率	10%前後	10%以下	失敗しなければ買ってもらえる	非常に高い
規模拡大	できない	できる	できない・しにくい	できる

とが前提なので、商品の成功確率は高いです。一方で、その顧客以外にも買ってもらえるかという課題があるので、売り上げの広がり、その先の経営規模の拡大は望みづらいです。

いわゆる一般家電メーカーが多くの人に向けて発売する新商品のように、自社独自のアイデアや技術などを活用した新商品開発の考え方が「プロダクトアウト」型です。提供する商品は、前述の「特注品」に対して「標準品」とも言います。こちらは、特注品のように顧客を選ばないので、ヒットすれば企業の経営規模拡大が見込めます。一方で、成功確率は特注品より低くなります。私の感覚では10%程度です。

キーエンスは、基本的にはマーケットイン型の発想で新商品を開発しています。ですが、お客さま以上にニーズや問題を徹底的に突き詰めることによって、お客さま以上にそれらの内容について詳しくなっていきます。そして、**お客さまのニーズに応える特注品ではなく、他企業でも使ってもらえる標準品として、商品を開発**していきます。

どの部署も付加価値創造に貢献している

さらに、お客さまだけでなく、バックオフィスを含めた社内の別の部署のこともしっかり理解する必要があります。

会社はお客さまのニーズをくみ取り、価値を提供しています。そして、会社は色々な人たちによって回っています。商品を企画する人、商品企画を実現する開発者、発売後に販促をするマーケター、実際に商品を売る人……。経理や総務など、これらの業務を進めるにあたって必要な手続きや管理をするバックオフィスの人もいます。どの部署の人も、お客さまに対して価値を与えることは同じで、それを役割分担しているのが会社という組織です。

私がキーエンス時代に所属していた販売促進部はバックオフィスの部署でしたが、営業部の人々がより付加価値を提供できるように問題を解決し、商品企画者がより精度の高い商品企画や商品の販売予測ができるように情報を提供し、商品開発に営業の悩みがしっかりと伝わるように仲介役になり……と様々な形で他部署に貢献していました。

経理や総務などバックオフィスの部署だと、お客さまに付加価値を提供しているという実感がつかみづらいかもしれません。ただ、全社員に対して作業の効率化、無駄な時間の削減などで役に立っているはずです。**会社の中で付加価値に貢献していない部署など、本当はありません。**

自分の会社の中で各部署がどのような役割を担っているのか、どのような価値貢献をしているのかを理解することは大切です。それによって他の人の仕事を助けることができる。つまり会社の付加価値提供に貢献できるわけです。それは、会社にとって意義ある目的設定にもつながっていくかもしれません。

売り上げと経費削減につながる企画を出し、最小の時間と資本で仕事を進めることを意識できている。判断は市場原理と経済原則に基づいた合理的なもので、自分の意見を持って報・連・相をする。結果が出ても出なくても、しっかり振り返りを行って、再現性を高める社員ばかり――。そんな組織、もうかるに決まっていますよね。

Point

- **お客さまだけでなく自分の会社のことも知る**
- **「しごでき社員」ばかりの会社は間違いなく伸びる**

「キーエンス思考」のプロセスはChatGPT活用で実行できる

第1章では、プロフェッショナルの心得、知識と洞察力、行動と実現力の3要素を身に付けることで、目的を達成するプロセスを紹介しました。これができれば、自然と付加価値が生めるようになっていきます。また、この章では高い意欲を持つことや自分を知ることの前提条件と、成果を上げるための必須条件を解説しました。いずれも「しごでき社員」になるために欠かせないものです。

こうした、いわば「キーエンス思考」に基づいた仕事術は、今からでも身に付けられる内容です。ただし、私自身も最初からすべてできたわけではありません。心掛けによって徐々に身に付き、成果が出せるようになっていきました。そして今なお、意識しながらより高いレベルを追求し、成長していっています。すぐにすべてをマスターするのは難しいかもしれません。それは当然です。熟練し、成長し続けていく終わりのないものです。

ただし、これから具体的に解説していく**ChatGPTのテクニックを使えば、熟練し、成長するスピードを圧倒的に加速させることができる**のです。

第1章で紹介した3要素のうち知識と洞察力、行動と実現力を満たすためには、目的を達成するためのマイルストーンとなる目標を設定し、その目標達成の障壁となる問題を見つけ、一つ一つ解決することが欠かせません。しかもその過程で必要な情報収集や分析は、顧客のニーズを調べるというレベルではなく、付加価値の源泉となる「お客さまさえまだ気づいていないニーズを見つける」という高い水準が要求されます。

一方で、付加価値を生むために必要な仕事の進め方は、第2章までの内容で理解してもらえたと思います。あとはいかに、難易度の高い各工程をクリアしていくかがポイントになります。そこで、膨大な知識を持ったＣｈａｔＧＰＴが役立つのです。自力で進めるのは難しくても、ＣｈａｔＧＰＴからヒントを引き出すことで、**付加価値を生むためのプロセスが進めやすくなった**のです。

例えば、自分の現状や目的をＣｈａｔＧＰＴに伝えたうえで、「直面していると考えられる問題は」「その問題解決のために何をすべきか」「具体的なアクションプランを考えて」などと聞けば、どれも箇条書きで考えられるアイデアをすぐに出してくれます。自分はそこからヒントを得て、いかに「最小の費用と時間で付加価値を生み出すか」を念頭に、アイデアの取捨選択をしながら進めていけばいいのです。イチからすべて、自分でやる必要はありません。付加価値を生むためのハードルは、ChatGPTによって驚くほど下がっているのです。

ただし大切なのは、この質問を同じようにしても、付加価値を生むための考え方を知っていなければ生かし切れないという点です。**ChatGPTをフル活用して、付加価値を生むための「キーエンス思考」の仕事術を実行していくことこそ、成果を上げるために欠かせない**ということです。

そして、これをマスターした人こそ、どんどん成果を上げていけるのです。

そんなChatGPTの活用テクニックを、次の第3章以降で解説していきます。

Point

●付加価値創造をChatGPTが強力にサポートする

第3章

仕事を時短で楽に終えるChatGPT活用術（基本編）

ChatGPTは何でもできる!?
適切に使うための基礎をおさらい

第1章と第2章では、仕事術について詳しく解説してきました。折に触れて少し言及した部分もありますが、こうした仕事術を実践するうえで、効率化による時短、アウトプットの質の向上などあらゆる面で、ＣｈａｔＧＰＴを大いに活躍させることができます。

この第3章と第4章では、仕組みや具体的な使い方など初歩的な部分から、ＣｈａｔＧＰＴの活用術について解説していきます。既にＣｈａｔＧＰＴを使っている人は「もう知っている」という部分もあるかもしれませんが、仕事ですぐ活用できるプロンプトも紹介しているので、参考にしてみてください。なお、登録方法などＣｈａｔＧＰＴの始め方は、16ページで紹介しています。

ＣｈａｔＧＰＴはテキストや画像、音楽などを作成するＡＩと同じ、いわゆる「生成ＡＩ」の一種です。ブラウザ上などで質問をすると、ＣｈａｔＧＰＴが回答を表示する仕組みです。

プロンプト

1 一般常識に関する質問

クラウドとデスクトップの違いを教えてください。

クラウドとデスクトップの違いについて説明いたします。

1.定義:
・**クラウド:** インターネットを通じてアクセスできるリモートサーバー上でのデータストレージやコンピューティングサービスを指します。これにより、ユーザーは物理的なハードウエアに依存することなく、どこからでもデータやアプリケーションにアクセスできます。
・**デスクトップ:** 個人のコンピューターやワークステーション上で動作するアプリケーションやシステムを指します。デー　（以下略）

膨大なテキスト情報を学習しているのが特徴で、文章作成や要約、翻訳、プレゼンの構成提案など、様々なことができます。表示された回答をそのままビジネスに使うのはまだ難しいですが、質問を工夫すれば、たたき台として書き換え程度で済むレベルの内容は回答します。**ビジネスの様々な仕事にかける時間は、劇的に削減できます**。

ChatGPTは一般常識をはじめ、世の中にあふれる様々な情報も学習しています。あらゆる場面で疑問点を解決するためのヒントをくれたり、仕事の適切な進め方を提示してくれたりします。

例えば、「クラウドとデスクトップの違いを教えてください。」と質問すると、上の「プロンプト1」のような回答が得られます。

このプロンプトを一例として提示したのには、訳があります。

注）以降、ChatGPTの回答はあくまで一例。同じプロンプトを入力しても、異なる回答をするケースが多い。また、プロンプトとChatGPTの回答は仮名遣いなどについて、読みやすい形に一部改編している

普段、仕事を進めるうえで「いまさら聞くのは恥ずかしい」と他人に聞くのをためらった経験があるのではないでしょうか。「チャットでの若手とのコミュニケーションの取り方が分からない」など素朴な疑問でも構いません。**まずはＣｈａｔＧＰＴにぶつけましょう。**一瞬で回答してくれます。人目を気にする必要もありません。

入社したばかりだと、ビジネスマナーや仕事の進め方、業界の常識や専門用語など、多くの疑問が浮かんでくると思います。これもそのたびに上司に質問するのではなく、ＣｈａｔＧＰＴにぶつけましょう。上司の手を煩わせずに済みます。仮にＣｈａｔＧＰＴで１００％理解できなかったとしても、**ある程度の知識を身に付けてから上司に質問すれば、「君、分かっているね」と褒められるかもしれません。**

なお、「プロンプト」とはＣｈａｔＧＰＴに回答を促す質問の名前で、理想の回答を導き出すために質問の内容を工夫することを「プロンプトエンジニアリング」と言います。プロンプトで的を射た質問ができていない、情報の抜けや漏れがある場合は、ＣｈａｔＧＰＴの回答も実用的なものではなくなります。**理想とする回答をＣｈａｔＧＰＴからどれだけ引き出せるか。その近道の一つが、プロンプトの例を数多く知っておくこと**です。

本書ではそのまま使える、または数字や単語、一部の文章を入れ替えるだけで、あらゆる場面で活用できるプロンプトを紹介していきます。最初はこれらを「コピペ」した質問で十分でしょう。

それが、ＣｈａｔＧＰＴを有効に使い、慣れるための近道なのです。繰り返し使ううち、ＣｈａｔＧＰＴの回答の傾向やクセが分かってくるので、適切なプロンプトが作れるようになっていきます。そうして活用の幅が広がります。

一方、注意点もあります。ＣｈａｔＧＰＴが学習しているのは２０２１年９月までの情報で、最新の情報を知るには向きません。例えば、

プロンプト：「日本の総理大臣は誰ですか」

回答：「2021年9月時点での日本の総理大臣は菅義偉さんでした」

といった具合です。

ＣｈａｔＧＰＴは学習している膨大な情報から、こちらの質問に対して、確率的に正しいであろう回答をしているだけです。全く同じプロンプトを入力しても、毎回異なる回答を表示します。また、事実関係については、**回答に含まれる情報が正しいのかどうかを検証する作業も欠かせません。**

ただ、仕事に使えるフレームワークを聞く、問題解決のためのヒントを聞くなど、ビジネスでよくある質問をＣｈａｔＧＰＴに聞いた場合、**私の感覚では7割以上は正しい、もしくは有用な回答をします。**うのみにしてはいけませんが、第１章（47ページ）で紹介した「即座に正しい意思決定をするための知識を得る情報収集」や「高い付加価値を生むための情報分析」では、ＣｈａｔＧＰＴ

が大いに活躍します。仕事の効率や質を劇的に改善してくれるのは間違いありません。

ＣｈａｔＧＰＴの画面を開くと、無料で使える「ＧＰＴ－３・５」と、有料版の「ＧＰＴ－４」（月20米ドルの「ChatGPT Plus」加入で利用可能）が表示されます。ＧＰＴ－３・５に対し、ＧＰＴ－４が上位モデルという位置づけです。複雑な指示を含めたプロンプトに対応できる、回答の質が高いなど多くの点が改善しているとされています。

結論から言うと、これから紹介するＣｈａｔＧＰＴの使い方を取り入れる場合はぜひＧＰＴ－４を使ってください。ＧＰＴ－３・５より明確に、有用な回答を出す確率が高まります。たった「月20米ドル」だけで、自身の付加価値を最速でパワーアップできるのなら安いものです。**だまされたと思って、1カ月だけでも本書と一緒に、ＧＰＴ－４を試してみてほしいと思います。**

また、自身が経営者であれば、全社員がＧＰＴ－４を使える環境をMicrosoft Azure上に実装することをお勧めします。コストは多少の初期費用と、従量課金分だけで済みます。特に仕事上ではＧＰＴ－４とＧＰＴ－３・５では比較にならない差がありますので、ぜひ使ってみてください。

なお、本書でのプロンプトに対するＣｈａｔＧＰＴの回答も、ＧＰＴ－４のものとなります。

Point

●理想の回答を得るためには、適切なプロンプト作成が大切

危機感を煽りたくなるインパクト ～ＧＰＴとの衝撃的な出合い～

なぜ今すぐ、ＣｈａｔＧＰＴを使いこなす必要があるのか。私が大きな衝撃を受けた出来事を紹介しましょう。

２０２３年３月に配信されたＧＰＴ－４の紹介プレゼンテーションでは、ＣｈａｔＧＰＴを開発した米ＯｐｅｎＡＩ共同創業者のGreg Brockman氏が、税金計算などのデモを本当に楽しそうに行っていました。利益のためにＡＩツールをリリースしたという話ではなく、純粋に研究者として、「自分の作ったすごいＡＩを見てくれ！」というスタンスのプレゼンのように、私の目には映りました。実際に動画を見ていただくとよく分かると思います（※）

私はこれを見て、彼らは動画を公開した時点では、このＡＩの登場で、**世界中でどれだけ多くの人が仕事に困ろうとも関係ない**のだと感じて衝撃を受けました。そういう意味では、ＧＰＴ－４が有償で提供されているのはありがたいことです。料金を支払うというハードルがあることで、誰もが高精度なＡＩを使う時代の到来が少しだけ遅れるからです。もしＧＰＴ－４が無料で使える

※動画のURL（https://www.youtube.com/watch?v=outcGtbnMuQ）

ようになったら、本当に多くの仕事が価値を失うことになるはずです。

この衝撃を受け止めるために大切なのは、**自己否定をする勇気**です。私自身、ＧＰＴ－４が発表されたときには本当にショックでした。私は「人生は一生懸命勉強することが大切」だと考え、大学を卒業後に理論を重視するキーエンスという会社に入社し、独立してコンサルタントの仕事をして……と、積み重ねてきた知識が何よりの強みでした。情報量の偏差値で勝ってきたということです。ですが、情報偏差値がとてつもなく高く、多くの言語を操ることのできるＡＩが登場したとなれば、たまったものではありません。これまでの人生でやってきたことがすべて無駄だと言われているようで、強烈な自己喪失感を抱きました。

ただ、それを受け止める勇気を持たないと生きていくことはできません。今となっては**ＡＩと戦うのではなく、共存して自分自身のツールとして使うことができる**と考えています。

ＣｈａｔＧＰＴが嫌いだという人に理由を聞くと、本音は答えてくれませんが、「ＣｈａｔＧＰＴを認めたら自己否定になる」と考えている人が少なくないように思います。以前の私と同じですね。ですが、ＡＩを感情的に拒絶してしまうと、いつまでたってもツールとして使いこなせません。例えばライターなら、ＣｈａｔＧＰＴはネタ出しや、原稿の初稿作成ツールとして使えます。デザイナーなら、画像生成ＡＩを「筆」の一つだと思うのもいいでしょう。**自己否定を恐れ、ＡＩを「敵」として扱ってしまうと、活用するチャンスや、次のステージに行けるチャンスを失ってしま**

います。

「ホワイトカラーこそ危ない！」と言われても……

ＣｈａｔＧＰＴは特に、専門的な知識を強みとして働くホワイトカラーの仕事を奪うと言われています。ホワイトカラーと言ってもマーケティング職、セールス職、企画職、デザイン系の職など幅が広いですが、基本的にはいずれも仕事を奪われるリスクは高いです。

まず考えなくてはならないのは、今まで自分たちは何をすることによって稼げていたのかという点です。これまでは代替できない専門的な知識にこそ対価が支払われていました。しかし今後は、人間の専門知識を上回る、膨大な知識を持ったＡＩで代替可能になってしまいます。

最も危ないのが、仕事が単なる作業になっている人です。第１章で、目的や問題の設定が大切だと解説しました。目的を十分に考えることなく、指示されたことを単純にこなすだけの仕事なら、今後はＣｈａｔＧＰＴにやってもらうだけで十分になります。しかも速い。作業レベルの仕事はどんどんＡＩに置き換えられていきます。

一方、**自分で目的や問題を見つけ、仕事を次々と作り出していく提案型の働き方ができる人は今後も生き残ることができます。**ＣｈａｔＧＰＴをはじめとする生成ＡＩは、人間が与えた質問や条件に対して何かを生み出すことはできますが、ＡＩ自らがアクションを起こすことはまだできないと言えます。

第2章までで解説してきた、「しごでき社員」の働き方――目的・目標・問題設定ができ、最終的に目的に到達すること――はAI時代に仕事を失わないための仕事術でもあるわけです。しっかり実践できる人はむしろ、その過程で必要に応じてChatGPTを有効活用し、成果を上げていくことができます。

若手と中堅にとっては下克上チャンスでもある

一方、企業で働く会社員にとってはどうでしょうか。若手社員や中堅社員にとっては、史上まれに見る下克上のチャンスだと言えます。

ChatGPTは専門的な知識を代替する。これは逆に言えば、長年の仕事や勉強でしか身に付けられなかった知識が、ChatGPTを使えば引き出せる可能性があるということです。**圧倒的な成長チートができるわけです。**

上の世代が「最近はやっているみたいだね」などと言っているうちに、ChatGPTを使いこなせるようになれば、出世を阻んでいた彼らをすぐに超えていけるはずです。20代から30代後半くらいまでの若手や中堅の社員には、会社で出世していく本当に大きなチャンスです。

そうなると部下を持つリーダーの立場の人はピンチでしょう。ですが、本書を手に取ってくださった方は幸運です。自分がＣｈａｔＧＰＴを味方に付けて、今以上に仕事の成果を上げられるようになり、部下に追い越されないだけではありません。部下の一人ひとりがＣｈａｔＧＰＴを使いこなし、成果が上がっていけば、チームの成果が飛躍的に向上します。それはリーダー自身の評価アップにも直結するはずです。

Point

- **AIは戦う相手ではなく、共存するもの**
- **作業レベルの仕事では職を失うリスクがある**

まだ危機感を持っていない人へ
〜「しごでき」ではない人の末路〜

ＣｈａｔＧＰＴをはじめとする生成ＡＩが普及した未来においては、知識だけでなく、技術もＡＩに代替されていきます。与えられたテーマや要望に応じて文章を書く、絵を描く、動画を作成するといった技術は専門性であり、価値でした。今後は生成ＡＩに代替され、**専門的な技術を生かした仕事も単なる「作業」になっていきます。**

まだ現実味がないと感じる方もいるでしょう。確かに日本では、生成ＡＩを仕事で使うことはそこまで浸透していません。ですが、もし画像生成ＡＩの「Midjourney（ミッドジャーニー）」や「Stable Diffusion（ステーブルディフュージョン）」を使ったことがない人は試してほしいと思います。企業がこれらを当たり前に使うようになった瞬間に「写真や画像は自社で作れる」と判断される未来がある、という事実を目の当たりにするはずです。

他にも、様々な仕事が今後は生成ＡＩによって置き換えられる可能性があります。例えば、

「Typecast（タイプキャスト）」は、任意のキャラクターを選択してテキストを入力すると、その内容を自然な話し方で読み上げてくれるＡＩです。こうしたツールの普及が進んでいくと、声優や司会の仕事は激減する可能性があります。あらゆる業界や職種で、こうした危機が迫っています。

金融危機が大規模なＡＩ代替の引き金に？

人間の仕事がＡＩに置き換えられる変化は、２０２３年中にも起き始めると私は考えています。生成ＡＩの飛躍的な進化に加えて、金融危機によってコスト削減の意識に拍車がかかる可能性を考慮しているためです。

２０２３年３月に、米国のシリコンバレー銀行やシグネチャー銀行が経営破綻しました。日本にいつその余波がきてもおかしくありません。２００８年のリーマン・ショックのような金融危機が訪れたときに、企業がまず削減対象とするのは社外に支払う費用です。

替えが利かなかったデザインなどの仕事をＡＩができるようになり、金融危機で外注費を減らさざるを得なくなったときに、企業がどんな対応をとるかを想像してみてください。これまで10人のデザイナーに依頼していた仕事を、社内でＡＩを使ってたたき台を作り、最後の編集プロセスだけを３人のデザイナーに依頼する、といった形で十分に仕事が回るようになるはずです。企業はコストカットに成功します。このような動きから、生成ＡＩへの代替が進むと思います。

ここまでの例で言えば、最終の編集プロセスを任される３人はいいですが、残りの７人のデザイナーは職を失うことになります。

ちなみに、私はＧＰＴ－４が登場した２０２３年の３月ごろから「フリーランスの人は、できるならすぐに企業に入社した方がいい」とお伝えしています。日本の法律では、一度雇用した従業員は簡単には解雇することができず、仮に解雇した場合には基本的に失業保険が給付されることになっているからです。フリーランスにはそういった救済制度が用意されていません。これらを考慮し、会社員になることを勧めるほど、危機は目前に迫っていると感じています。

もし、フリーランスのクリエーティブ職で生き残っていきたいなら、「提案」が唯一の武器となります。依頼された仕事をこなすだけではなく、お客さまに「こんな目的を目指すと、より成果が上がるはずです」といった提案ができれば、今後も必要とされる人材であり続けることができるはずです。そして魅力的な提案をするには、依頼された仕事の目的を理解する必要があります。やはり目的・目標・問題設定と、目的を達成するための力が大切。そして、それらをサポートするのがＣｈａｔＧＰＴなのです。

Point

- **ChatGPT以外にも仕事を代替する生成AIがある**
- **多くの人が職を失う危機は2023年中にも起こる可能性がある**

一般常識をほぼ理解した〝先生〟に分からないことはまず質問

いかに今、ChatGPTを使いこなしておくべきかを理解してもらえたと思います。ここからは、仕事で役立つChatGPTのプロンプトについて解説していきます。本書を読んで初めてChatGPTを使う人に仕組みを理解してもらうという意味でも、基礎的な内容から始めます。ChatGPTに慣れた人にとっては初歩的かもしれませんが、仕事ですぐ使えるプロンプトを紹介しているので、ぜひ参考にしてください。

この章の冒頭に記載した「プロンプト1」（一般常識に関する質問）について、もう一歩踏み込みます。一般常識というと非常に幅が広いですが、ビジネスに特化すると、特に有効なのは自分が知らない業界や業種の人とやり取りする際の準備が挙げられます。営業の顧客や新規事業の取引先の会話などで、こういったシーンは珍しくないと思います。

当然、ある程度の知識を身に付けておくことが必要ですが、ゼロベースから専門書などを読ん

プロンプト

2 一般常識に関する質問

医療品の卸の会社と取引する際に知るべき一般常識を教えてください。

医療品の卸の会社と取引をする際に知るべき一般常識は、以下のような点を挙げることができます：

1.規制と認証：医療品は多くの国で厳格な規制を受けています。取り扱っている商品が、関連する規制や基準に従っているかを確認する必要があります。
2.品質管理：医療品の品質は非常に重要です。取引先がきちんとした品質管理を実施しているか、品質保証の体制が整っているかを確認することが大切です。　（以下略）

で知識を身に付けるには時間も手間もかかります。一方で、多くの場合、まず求められるのは共通理解のうえで会話が成り立つ程度までの知識で、いきなり専門的な会話を成立させないといけないケースはまれです。**ある程度までの知識なら、ChatGPTを使えば一瞬で身に付きます。**

　具体的な聞き方を示しているのが、上の「プロンプト２」です。「医療品の卸の会社」を例にしましたが、これを「大手家電メーカー」「アプリ開発を行うＩＴスタートアップ」などと入れ替えていくだけで、多くのシーンに応用できます。

　もう少し、回答の幅を狭めてもいいです。営業の人が相手なら「医療品の卸の会社の営業プロセスを教えてください」などと質問すればより具体的な回答が返ってくるので、初対面でも相手の話している内容がより理解しや

プロンプト 3
ニーズを想像する質問

40代男性がよく吐いている愚痴や弱音を3つ出してください。

40代男性が抱える悩みや愚痴は個人差がありますが、一般的なものを3つ挙げると以下のようなものが考えられます。

1.仕事のプレッシャーと責任：
・「昔と違って仕事のプレッシャーが増してきて、体が持たないんだよな。」
・「部下や後輩の育成に頭を悩ませている。ちゃんと私の指導で彼らは育つのだろうか？」
（中略）
2.家族や健康に関する心配：
・「子供の進学や将来のことが気になる。どうサポートし　（以下略）

すくなるでしょう。その業界の人たちの会話で頻出する専門用語を聞き、身に付けておくのも有効です。

業界の常識や仕組みを知るという点は、何も相手方の企業に限ったことではありません。自分の企業が所属する業界常識や、仕組みを知るのにChatGPTを活用するのもありです。特に若手など経験が浅い人は、何か分からないことが発生したときに、その都度**同僚や上司に聞くのではなく、まずChatGPTを頼るといい**でしょう。企業特有の常識や知識が必要なものを除く、多くの内容についてChatGPTが回答してくれるはずです。

「BtoB」と呼ばれる企業間取引の例を紹介しましたが、消費者向けの「BtoC」でもこうした質問は有効です。これが「プロンプト３」です。例えば、「40代男性が○○という商品に対して求めるものや、感じている不満を教えてください」などと具体的に聞くのも、ビジネスのヒントになるでしょう。ただ、あえて解像度を少し下げることで、より広いニーズをくみ取れる可能性が高まるというメリットもあります。セールストークやマーケティング、新商品企画など、様々なシーンのヒントになる可能性が高まります。

ChatGPTが得意な文章生成をフル活用

現状、ＣｈａｔＧＰＴが最も得意とするのは「もっともらしい文章を作る」ことです。文章を書くことが苦手で、報告書や提案書、メールの作成などに手間取る人は少なくないと思います。単純作業に多くの時間を割くのはもったいないことです。ＣｈａｔＧＰＴに任せてしまうことで、付加価値をつくる仕事に割く時間を増やすべきです。

プロンプトでは基本的に、「何をつくりたいのか」「テーマは何か」「誰に伝えるのか」といった要点をＣｈａｔＧＰＴに伝えることで、それに沿った回答が出ます。そのまま使うのは難しいですが、報告書や提案書、メールなどは一瞬でフォーマットができるので、あとはそれに即して内容を埋めたり、書き換えたりするだけで完成させられます。**自力でイチから文章を書き起こすより圧倒的に楽**なので、文章を書くのが苦手な人でも時短になるはずです。

「プロンプト４」（96ページ）では、報告書のフォーマットを出してもらっています。ＣｈａｔＧＰＴの回答は途中までで省略していますが、実際に質問してみると、毎回かなり長めの文章を回答します。必要だと思われる項目が網羅されているので、抜けや漏れを防ぐ意味でのメリットを感じます。報告書だけでなく、提案書や企画書にも応用できます。

私も書類の作成にＣｈａｔＧＰＴを使うことがありますが、ＣｈａｔＧＰＴに出してもらったフォーマットの項目を見て、「この項目も検討すべきだな」などと、新たな気づきが得られることも多いです。文章を作成しながら、自分が今している仕事のブラッシュアップができるのもＣｈａｔＧＰＴを使う利点です。また、考えてみると、実は文章作成は書いたり、打ち込んだりする時間より、その文章に何を盛り込むべきかを考えている時間の方が長いのではないでしょうか。ＣｈａｔＧＰＴを使えば、その時間も大きく削減できると感じます。

なお、私の会社では、営業の提案書のフォーマットは１００ページに及ぶ場合もあるほど、長めに設定しています。実際にそのまま相手先に送るわけではないですが、提案書を作成するたびに新たな項目の追加を検討する必要がなくなり、質を一定に保てるからです。長いフォーマットを作成するのは大変ですが、ＣｈａｔＧＰＴの回答を基にすれば、時短で効果的なフォーマットができるはずです。

メールの作成を依頼している「プロンプト６」（98ページ）では、クライアントからプロジェクトの進捗度を聞かれたときに、返信するメールの骨子を聞いています。メールにはこの例の他にも「名刺交換をした後の挨拶文」など、頻度が高く、かつ内容が定型化しているものが多くあります。私はそうしたメールの作成にＣｈａｔＧＰＴを活用することで、時短しています。

さらに私は、一度ＣｈａｔＧＰＴからフォーマットを出してもらったら、「ありがとうございます」を「有難うございます」に直すなど、私が普段使っている表現に直したテキストを文書にコピペしてフォルダにストックしています。メールを送る必要があったときはフォルダから引き出し、多少内容を調整するだけで、即座にメールの送信を完了させています。ＣｈａｔＧＰＴに毎回聞く時間さえも時短できます。

ちなみに、長文を作成するときだけでなく、短文を書くときにもＣｈａｔＧＰＴは使えます。私は「今日はお話を聞かせていただき、ありがとうございました」といった内容のメールで、短くて素っ気ないなと思ったときに、自分で書いた短文だけ入力し、「あと3行肉づけして」などと質問することがあります。

筆が進まない文章の作成時にも、特にＣｈａｔＧＰＴが役立ちます。
例えば、謝罪文は書くのに気が重いうえ、作成する機会もそう多くはなく、不慣れな人が大半だと思います。まとめるのに手間取ることが多いのではないでしょうか。これをＣｈａｔＧＰＴに作成してもらえば、謝罪する際に必要なフレーズや項目を用意してくれるのはもちろん、文章のトンマナも謝罪文というテーマに合わせて作成してくれます。ミスをした後など、冷静ではない状態で文章を書くと、往々にして必要事項も抜けがちなので、前述した抜けや漏れを防ぐ意味でも効果的です。謝罪文は適切な内容でないと、相手の怒りをさらに買ってしまうことにもなりかねません。そのリスクを避ける意味でも、一度ＣｈａｔＧＰＴにフォーマットを作成してもらうといいでしょう。

また、文章の要約にＣｈａｔＧＰＴを活用するのも手です。「プロンプト９」（１０１ページ）のように、文章を「小学生でも分かるように」などのプロンプトで平易にすることもできます。ただし、要約機能については、元の文章の重要なポイントが要約文では抜けてしまうケースがある点に注意が必要です。さほど重要度が高くなく、時短で情報収集や文章作成を済ませたいときに限るのがベターです。

プロンプト 4

文章作成に関する質問

内容を書き換えるだけのフォーマットがつくれる

「報告書」などのどんな文章を作りたいか、「上司に伝える」などの目的を伝えるだけで、内容を書き換えれば済むたたき台ができる。構成を考える手間が省けるのは有用だ。「報告書」を「企画書」、「上司に」を「クライアントに」など、単語を入れ替えるだけで多くの文章作成シーンに応用できる

上司に今日の営業の成果を伝えるための報告書を作ってください。

営業成果報告書
報告日: 2023年8月9日
報告者: [あなたの名前]

1. 営業活動概要
・訪問件数: 5社
・新規提案数: 3社
・フォローアップ訪問: 2社
2. 新規提案の成果
1. 株式会社A
・提案内容: 新製品Xの導入提案
・反応: 興味を示し、詳細資料の提供を希望。
・次回アクション: 2週間後に再訪問し、実際のデモを実施予定。
2. 株式会社B
・提案内容: サービスYの更新プラン
・反応: 価格面での懸念があるものの、サービスの機能には高い関心。
・次回アクション: 内部での価格調整後、再提案を行う予定。
3. 株式会社C
・提案内容: パートナーシップに関する提案
・反応: 現在の業務内容との相性を検討中。
・次回アクション: 1カ月後に再訪問して結果を確認予定。
3. フォローアップ訪問の成果

(以下略)

プロンプト

5 文章作成に関する質問

物語などクリエーティブな文章作成にも対応する

報告書などビジネスシーンでよく使われ、ある程度「型」がある文章だけでなく、物語などのクリエーティブな文章も作成させられる。プレゼンや広告などで、ちょっとした小話を挿入したいときがあれば、ChatGPTの回答によってヒントを得てから、アイデアを膨らませていくこともできるだろう

未来の都市を描写する短い物語を作成してください。

未来の都市「ネオ東京」

2075年、ネオ東京は浮遊する建物、透明な道路、飛ぶ車、そして人々の思考を瞬時に伝えることができるネットワークで満ちていた。ここでは人々は自然と共生し、都市のすべての建物は緑のつるや植物で覆われていた。都市の中央には巨大なクリスタルのような塔がそびえ立ち、それは太陽の光を集め、都市全体にエネルギーを供給していた。

アイコはネオ東京の中で生まれ育った17歳の少女。彼女の左腕には透明なタブレットが埋め込まれており、気になる情報や友人とのコミュニケーション、感じた感情や記憶を即座に共有することができた。

ある日、アイコは友人のリョウと都市の一番高い場所、クリスタルの塔へ行くことになった。2人は透明なエレベーターに乗り、塔の頂上へと昇っていった。頂上からの眺めは息をのむようだった。無数の浮遊する建物、空を飛ぶ車、そして地上には川のように流れる人々の波。そのすべてが調和して動いているのが見えた。

「この都市、実は感じてるんだよ」とリョウが言った。「君も知ってるよね、ネオ東京の心とも言えるAIシステムが」

アイコはうなずいた。「うん、でも具体的にどういうこと（以下略）

プロンプト 6

メール作成に関する質問

クライアントからのメールに対する返信の骨子ができる

クライアントや顧客からのメールに対して返信を作成するときに、受け取ったメールの内容を受けてどんな構成で、どんな事実を盛り込むべきかを瞬時に作成してくれる。相手に返信すべき内容の「抜け・漏れ」を防ぐ意味でも有効。送信相手をプロンプトに盛り込むことで、トンマナもそれらしく整う

クライアントがプロジェクトの進捗を尋ねてきたときの適切なメールの返信を考えてください。

もちろん、クライアントに対してプロジェクトの進捗を伝える際の適切なメールの返信の例を以下に示します。

件名：[プロジェクト名] 進捗状況のご報告
[クライアントの名前] 様、
いつもご協力いただきありがとうございます。
[プロジェクト名] の進捗に関してのお問い合わせに対し、以下の通りご報告させていただきます。

1. [タスクA]：80%完了 - 現在、[詳細や達成予定日] まで進捗しております。
2. [タスクB]：50%完了 - [詳細や問題点、解決策]
3. [タスクC]：完了 - [任意の詳細]

全体として、プロジェクトは順調に進行中でございます。現在の予定では、[総合的な進捗率] %の進捗を達成しており、[完了予定日] にはすべてのタスクを完了できる見込みでございます。

[何か問題や懸念点がある場合]
ただし、[タスクD] においては [問題点] が発生しております。これに対して、[解決策や対応策] を検討中です。この点に関して追加の情報やサポートが必要となるかもしれませんので、ご了承ください。

(以下略)

プロンプト 7

メール作成に関する質問

気が重い謝罪文こそChatGPTに作成を任せてしまう

謝罪しなければいけない内容のメールを作成するときには、心理的にも気が重く、作業が滞りがちだろう。そんなときにはChatGPTを活用したい。逆に、ChatGPTは相手を褒める文章を作るのもうまいので、メールやチャットで部下などを褒める際は、その文章の下書きを作ってもらうのも有効な使い方だ

納期が遅れています。クライアントに謝罪する適切なメールを考えてください。

もちろん、以下は納期遅延に関するクライアントへの謝罪メールの例です。

件名：プロジェクトの納期に関するお知らせとお詫び
［クライアントの名前］様
いつもご支援いただき、誠にありがとうございます。
まず始めに、［プロジェクト名］の納期に関して、お約束した期日を過ぎてしまう可能性が高いことを、心からお詫び申し上げます。

私たちは［プロジェクト名］の完成を目指して最善を尽くして参りましたが、［具体的な遅延の原因：例「一部の技術的な課題」や「供給業者からの部品遅延」など］により、納期の延期が避けられない状況となりました。

新しい納期は［新しい納期の日付］を予定しております。この遅延により、ご迷惑をお掛けすることとなり、心からお詫び申し上げます。

私たちは今後、再発防止のための措置を講じ、さらにコミュニケーションの向上を図ることをお約束いたします。何とぞ、今後とも変わらぬご支援とご理解を賜りますようお願い申し上げます。

（以下略）

プロンプト 8

要約に関する質問

長い文章を読みやすいボリュームに書き換える

おおよそプロンプトに入力した文字数に要約してくれるので、長文の内容を素早く把握したいときなどに役立つ。以下は、800文字以上ある前著『付加価値のつくりかた』の内容説明文を300文字以内に要約させたもの。ただし、長文の中で大切なポイントを確実に読み取る機能についてはまだ改善の余地がある

以下の文章を300文字以内で要約してください。
===
キーエンス出身の著者が仕事の悩みをすべて解決する
「付加価値のノウハウ」を体系化。

いかに仕事の生産性を高め、売り上げや利益を効率よく増やしていくのか。
いかに無駄な仕事を減らし、本当に意味のある仕事に集中していくのか。
そのキーとなるのが、本書のテーマである「付加価値」なのです。

（以下略）

キーエンス出身の著者による本書は、仕事の生産性を高める「付加価値のノウハウ」について体系的に解説しています。付加価値とは、売り上げや利益を増やし、無駄な仕事を減少させるための要となる概念です。多くの人はこの言葉を知っているものの、その実際の定義や具体的なつくり方を知らない。本書は、そうした付加価値のつくり方をスキルとして身に付け、日常の仕事に生かす方法を紹介しています。このスキルは、労働時間を短縮しながらも利益を増やすための最強の技として、すべてのビジネスパーソンや経営者にとって必要なものとなります。また、経済状況が厳しくなる中での生計を支える最低限の教養ともなるでしょう。

プロンプト

9 要約変換に関する質問

要約文をトンマナに応じてさらに書き換えさせる

「小学生でもわかるように」などといった形で、要約文などの文章を、読ませたい相手などに応じたトンマナに書き換えさせることも可能。文章を他人に読ませたいときだけでなく、例えば専門的な文章を要約させたときに、理解しづらい内容をさらにかみ砕いて表現させる使い方などに応用してもいい

以下の要約を、小学生が分かるように変換してください。
===
キーエンス出身の著者による本書は、仕事の生産性を高める「付加価値のノウハウ」について体系的に解説しています。付加価値とは、売り上げや利益を増やし、ムダな仕事を減少させるための要となる概念です。多くの人はこの言葉を知っているものの、 （以下略）

キーエンスというところで働いていた人が書いた本です。この本では、どうやったらもっと良い仕事ができるかを教えています。良い仕事とは、お金をもっと稼げることや、無駄なことをしないことを言います。この本を読むと、そういう良い仕事のやり方が分かります。この方法を知っていると、働く時間が短くなってもお金をたくさん稼ぐことができます。このことは、仕事をする大人たちにとってとても大切なことです。そして、お金のことが難しいときでも、生活を支えるための大事な知識になります。

「構成」や「セリフ」を考えさせてプレゼンの準備をすぐ終える

文章作成と並んで、プレゼンに対する資料や話す内容の準備もまた、ビジネスパーソンが時間を費やしがちな仕事の一つだと思います。ここでもChatGPTを活用することができ、時短でかつ完成度も高めていくことができます。

例えば、新商品のマーケティング案のプレゼンを控えているとします。まず問題となるのは、どんな情報をプレゼンに盛り込み、相手に提示すべきかです。そんなときはChatGPTにプレゼンの構成の大枠を提案してもらいましょう。それを示したのが左の「プロンプト10」です。簡単な質問をしただけですが、これだけで11項目を回答しました。さらに、それぞれの項目でどんな情報を盛り込むべきかまで提示してくれています。これに沿って、必要なものを取捨選択しながら情報をそろえることで、プレゼン資料を作る準備ができます。

また、文章作成のプロンプトでターゲットを盛り込むと、それに合わせたトンマナの文章を作っ

プロンプト

10 プレゼンの構成立案に関する質問

家電の新商品のマーケティングプラン立案についてのプレゼンテーションの大枠を立案してください。

家電の新商品のマーケティングプラン立案についてのプレゼンテーションの大枠を以下のように提案いたします：

1. イントロダクション
・マーケットの現状
・新商品の概要紹介
・今回のマーケティングプランの目的

2. 市場調査と分析

（以下略）

てくれるように、構成も狙いに応じた内容を提案してくれます。ターゲットが決まっているなら「社長向け」「投資家向け」「クライアント向け」などと、積極的に盛り込むとよいでしょう。

プレゼンを実際に作るときにもChatGPTが使えます。「○○といったテーマについて10分間のプレゼンテーションの概要を作成してください。」と入力すれば、所要時間を考慮し、時間配分も含めた提案をしてくれます。

構成を考えてくれるのはプレゼンだけでなく、スピーチも同様です。さらに、「Simon Sinek（TEDの講義が人気の作家）風に」など依頼すると、固有の表現や言い回しを踏まえて回答してくれます。これは前に紹介した、文章のテイストでも同様です。

プロンプト 11

プレゼン資料の作成に関する質問

所要時間に応じたペース配分まで提案させられる

ChatGPTは、103ページで紹介したプレゼンに向けた下準備だけでなく、具体的なプレゼン資料の構成提案も可能。所要時間を伝えれば、それに応じた内容とペース配分まで指示してくれるので、たたき台として有用。「○○の説明もしたい」など、入れたいテーマをプロンプトに盛り込むと、それを含めた提案をする

サステナブルなビジネスモデルについての10分間のプレゼンテーションの概要を作成してください。

もちろん、サステナブルなビジネスモデルに関する10分間のプレゼンテーションの概要を以下に示します。

1. イントロダクション（1分）
・サステナビリティの重要性の強調。
・サステナブルなビジネスモデルの定義とその目的。
2. サステナビリティの3つの柱（1分）
・環境: 環境への影響を最小限に抑える。
・社会: 社会全体の利益を目指す。
・経済: 経済的に持続可能であること。
3. サステナブルなビジネスモデルの特徴（1.5分）
・ロングテールアプローチ。
・サーキュラーエコノミー。
・共有経済やサービスの提供。
4. 現代のサステナブルビジネスモデルの例（2分）
・例1: ソーラーエネルギー企業
・例2: サステナブルファッションブランド
・例3: オーガニック食品店
5. ビジネスにおけるサステナビリティの利点（1.5分）
・環境への貢献によるブランドイメージの向上。
・長期的な経済的リターンの向上。
・社会的責任を果たすことでの顧客との信頼関係の構築。

（以下略）

プロンプト

12 スピーチ作成に関する質問

スピーチで話す内容のたたき台がすぐにできる

「書く内容」だけでなく、「話す内容」をChatGPTに回答させることもできる。テーマを指定しただけで、そのテーマについて話す際に盛り込むべき内容を判断し、かつ話の順序を整理して提案する。「初心者に向けて」など、スピーチをする相手をプロンプトに盛り込み、聞く側のレベルを想定した回答をさせることも可能

人工知能の未来についてのスピーチを作成してください。

もちろん、人工知能の未来についてのスピーチを以下に示します:

皆さま、こんにちは。

今日、私は人工知能、略してAIの未来についての考察を共有したいと思います。

私たちの周りの多くのものは、もはやAIの影響を受けています。スマートフォンのアシスタント、自動運転車、医療の診断ツール、自宅のスマートデバイスなど、日常のあらゆる面でAIが組み込まれてきました。しかし、これはまだ始まりに過ぎません。

第一に、AIは教育のパラダイムを変革しています。伝統的な授業形式から、個々の学生のニーズやペースに合わせてカスタマイズされた学習経験へと変わりつつあります。AIが各学生の学習スタイルを理解し、最適な教材や方法を提供することで、教育の質が向上することが期待されています
第二に、医療分野でのAIの応用は、私たちの健康と寿命に革命をもたらす可能性があります。AIは、複雑なデータセットからパターンを検出し、早期の病気の予防や診断、さらには個別の治療法の提案までを行います。未来の医療は、より予防的でパーソナライズされたものとなるでしょう。

しかし、AIの未来は、ただの技術的進歩だけではありません。それは倫理的、社会的な問題も伴います。仕事の自動化による雇用の喪失、プライバシーの問題、そしてAIの意思決定に対する透明性の欠如など、新しい挑戦に直面しています。

最後に、未来のAIは、人間との協力に重点を置くものと (以下略)

プロンプト 13

スピーチの翻訳に関する質問

文章やスピーチ内容の和訳・英訳はお手の物

ここではスピーチを例に取ったが、文章やスピーチの内容を和訳・英訳するのはChatGPTが得意とするところ。翻訳、日本語のままのリライトとも、「○○風に」など、好みの人物の書き方、話し方に寄せるよう指示すると、インターネット上に多くの情報がある著名な人物であれば、その個性をくんだ形で表現する

以下のスピーチを、Simon Sinek風に英訳してください。

===

皆様、こんにちは。

今日、私は人工知能、略してAIの未来についての考察を共有したいと思います。

私たちの周りの多くのものは、もはやAIの影響を受けています。スマートフォンのアシスタント、自動運転車、 (以下略)

Good morning, everyone.

Today, I'd like to explore a subject close to my heart: the future of Artificial Intelligence, or AI as we often call it.

You see, if we pause and look around, it becomes evident that AI is already reshaping the world we know. Whether it's the digital assistant in our smartphones, autonomous vehicles on our streets, diagnostic tools in medicine, or smart devices in our homes – AI's presence is ubiquitous. But remember, this is just the beginning.

Firstly, AI is on the brink of revolutionizing the very paradigm of education. We're moving from a traditional, one-size-fits-all method of teaching to a more tailored experience, one that adjusts to the unique needs and pace of each student. By understanding individual learning styles, AI promises (以下略)

第4章

ロジカルに情報を整理するChatGPT活用術（応用編）

教育コンテンツ開発も計画立案も ＣｈａｔＧＰＴの生かし方は無限

第３章では一般常識に関する質問、文章や資料作成などの時短・質向上につながるプロンプトを紹介してきました。これらは、ＣｈａｔＧＰＴが最も得意とする分野の代表例であり、使いこなすうえでの基礎中の基礎と言えます。

これ以外にもビジネスにおいて、ＣｈａｔＧＰＴを活躍させられるシーンは無限にあります。

まず即効性が高そうなのが、社内教育コンテンツの開発です。一般的な内容なら情報を体系立てて整理し記述してくれるため、ビジネスマナー、一般的なセールストークや仕事の進め方に関するコンテンツであれば、項目ごとに順序立て、さらに各項目でどんな内容を盛り込むべきかも含めて回答してくれます。１１０ページで紹介している「プロンプト14」のように、「基本」から始まり「聞く技術」「商品知識」と進むなど、段階を踏んでいく提案をしてくれます。これをベースに、自社用にカスタムするのもいいでしょう。

仕事のスケジュールを立ててもらうのも有効です。１１１ページの「プロンプト15」で示したソーシャルメディアの投稿計画の例では、投稿内容のアドバイスまで示してくれています。もしスケジュールが決まっているなら、それをプロンプトに入力したうえで「これに向けて、取り組むべき仕事を教えてください。」などと聞けば、アドバイスをくれます。

ＣｈａｔＧＰＴは「Ｐｙｔｈｏｎ」など、プログラミング言語に関する知識も有しています。例えば、「Ｐｙｔｈｏｎでクイックソートアルゴリズム（注：データの並び替えなどに使う主要なアルゴリズムの一つ）を実装する例を提供してください」などといった質問にも回答できます（１１２ページの「プロンプト16」）。「Ｐｙｔｈｏｎとは何？」「具体的にどんなことができるの？」など、もっと初歩的な質問から始めてもよいでしょう。

特に文系でコードを扱える人は一握りだと思いますが、どうしても仕事で使わなければならない――というときにも、ＣｈａｔＧＰＴは心強い味方となります。

プロンプト 14

教育コンテンツ開発に関する質問

順序立てて学んでいけるコンテンツを提案

ビジネスマナーなど一般的なコンテンツであれば、簡単なプロンプトだけで、順序や具体的な内容を含めたコンテンツを提案する。新入社員や異動してきた社員に対する初歩的な教育コンテンツ程度であれば、広く活用できそう。インターネット上に情報がない企業独特のカルチャーなどは難しい

新入社員に向けて、正しいセールストークを身に付けるための教育コンテンツを開発してください。

セールストークの教育コンテンツの開発には、以下のようなステップと要点を踏まえることが重要です。新入社員が理解しやすい形で伝えるために、具体的な例やロールプレイを取り入れることをお勧めします。

1. セールストークの基本
セールストークとは：製品やサービスの価値を顧客に伝え、購買意欲を喚起するスキル。
目的：顧客のニーズを満たす解決策を提供し、信頼関係を築く。
2. 聞く技術
アクティブリスニング：顧客の話を注意深く聞き、フィードバックを与える。
質問力：情報を引き出すための質問テクニック。
3. 商品知識
製品やサービスの特徴：何が売れるかを理解する。
競合との違い：自社製品のユニークな点やメリットを明確に伝える。
4. 顧客のニーズに合わせて提案
パーソナライズ：顧客の状況やニーズに合わせた提案をする。
具体的な利益：製品やサービスがもたらす実際のメリットを伝える。
5. 異論や懸念への対応
異論には耳を傾ける：顧客の懸念や疑問を尊重する。　（以下略）

プロンプト

15 プロジェクト計画に関する質問

スケジュールだけでなく具体的な内容も示唆

「1週間」などの期間や目的を示すと、それに応じてスケジュールを組むのにとどまらず、各タイミングでどんなことに取り組むべきかを提案する。ソーシャルメディアの投稿計画を例として示したが、「新商品開発のプレゼンに向けた工程」など、ビジネスでよくある様々なシーンに対応可能だ

新しく発売する製品についての1週間のソーシャルメディア投稿計画を提案してください。商品は、男性向け化粧品です。

男性向け化粧品の新製品のための1週間のソーシャルメディア投稿計画を以下に示します。

1日目（月曜日）：製品ティーザー
・画像や短いビデオクリップを使って新製品を予告。
・キャッチフレーズ：「新しい時代、新しいビューティーへのステップ。今週、公開。」
2日目（火曜日）：男性の化粧品に関するクイズ
・ソーシャルメディアのフォロワーに参加を促すクイズを投稿。
・「男性の皮膚のニーズに合わせて特別に設計されたものは何だと思いますか？」
3日目（水曜日）：バックストーリー紹介
・製品の背後にあるストーリーやインスピレーションをシェア。
・「私たちの製品は、現代の男性のためのスキンケアのニーズに焦点を当てて開発されました…」
4日目（木曜日）：ユーザー推薦文
・製品を事前に試してもらったユーザーの声や感想を共有。
・「私はこれまで数多くのスキンケア製品を試してきましたが、これは絶対にお薦めです…」
5日目（金曜日）：公式リリース
・製品の詳細や特長、価格、購入方法などを発表。
・「待望の新製品、今すぐチェックしてみてください！」
6日目（土曜日）：使用方法のデモンストレーション　（以下略）

プロンプト

16 プログラムのコード例に関する質問

コード初心者の強い味方にもなる

ChatGPTはPythonをはじめ、様々なプログラミングコードについて理解しているのも特徴だ。以下のような「例を提示してください」といった質問を筆頭に、「Pythonとは何ですか」「Pythonのコードの書き方を教えてください」などといった質問にも回答する。初歩的な学びレベルならChatGPTで済む

Pythonでクイックソートアルゴリズムを実装する例を提供してください

もちろん、以下はPythonでのクイックソートアルゴリズムの一例です。

```
def quicksort(arr):
    if len(arr) <= 1:
        return arr
    pivot = arr[len(arr) // 2]
    left = [x for x in arr if x < pivot]
    middle = [x for x in arr if x == pivot]
    right = [x for x in arr if x > pivot]
    return quicksort(left) + middle + quicksort(right)

arr = [3, 6, 8, 10, 1, 2, 1]
print(quicksort(arr))
```

このコードは次のように動作します：

1. リストの長さが1以下の場合、リスト自体をそのまま返します。これは再帰のベースケースです。
2. 中央の要素をピボットとして選びます。
3. ピボットより小さい要素、ピボットと等しい要素、ピボットより大きい要素の3つのサブリストを作成します。
4. 左と右のサブリストに再帰的にクイックソートを適用し、その結果と中央のリストを結合して返します。

このコードを実行すると、[1, 1, 2, 3, 6, 8, 10]というソート済みのリストが返されます。

プロンプト

17 ストーリーライン作成などに関する質問

商品のテレビCMのストーリーも作り上げる

商品など簡単な設定を伝えるだけで、テレビCMのストーリーラインも作成できる。以下の例では、「イチゴ味のグミ」と入力しただけで、イチゴに対する一般的なイメージをくんだアイデアを提案した。他に、マーケティングやSNSへの投稿などで何らかのストーリーラインを作りたいときに応用してもいい

テレビCMのストーリーラインを作ってください。商品はイチゴ味のグミです

タイトル：「イチゴの魔法」

シーン1：都会の真っただ中。忙しい通りで、人々が行き交う。中心に、少女（約10歳）が立ち、手に持ったバッグの中からイチゴ味のグミを1つ取り出す。
シーン2：グミを口に入れると、突然周りの風景が変わり、彼女は広大なイチゴ畑の中に立っている。畑には赤くて甘そうなイチゴがいっぱい。
シーン3：少女は驚きながら、畑を歩き始める。その途中で、イチゴのキャラクターたちと出会い、一緒にダンスを始める。
シーン4：キャラクターたちとの楽しいダンスが終わると、再び都会の景色に戻る。少女は手に持っていたイチゴ味のグミのパケットを見つめ、微笑む。
シーン5：カメラがグミのパッケージにズームインし、商品名と「本当のイチゴの魔法を体験しよう！」というキャッチフレーズが表示される。
エンディング：バックグラウンドミュージックとして、楽しいイチゴのメロディが流れる。

このストーリーラインは、イチゴ味のグミがどれだけリアルで魅力的な味であるかを強調することを目的としています。都会の喧騒から一時的に逃れ、イチゴ畑の楽園へと誘う幻想的なストーリーとなっています。

欲しい内容に調整していける 質問と回答の連続こそ真骨頂

プロンプトを入力すると、質問内容に対してＣｈａｔＧＰＴが回答するという基本的な仕組みの説明も兼ねて、まずは一問一答形式を想定したプロンプトを紹介してきました。一方、ＣｈａｔＧＰＴは「対話型ＡＩ」とも言われるように、**回答に対してさらに質問を重ね、再回答を得ていくことが可能です。**

ＣｈａｔＧＰＴはチャット（スレッド）をいくつも作成することができ、そのチャットごとに質問をする仕組みですが、同じチャット内なら、それまでの会話の内容を覚えています（ただし、２０２３年９月中旬時点の機能では、やり取りが長くなると、以前の会話の内容を忘れていくこともある）。つまり、１つのチャットで質問→回答→再質問→再回答……と続けていくことにより、人間と話しているのと同じような感覚で、やり取りを続けていけるのです。

私はこれこそ、ＣｈａｔＧＰＴの真骨頂であると思います。分かりやすい例で言うと、このようにＣｈａｔＧＰＴとキャッチボールを続けていくことで、次のようなことが可能になります。

① ＣｈａｔＧＰＴの回答に対して、さらに内容を掘り下げる

興味を持ったＣｈａｔＧＰＴの提案に対して「○○についてさらに詳しく教えてほしい」、分からなかった単語や内容に対して「△△について解説してほしい」などと質問するなど、回答の内容を具体化していくイメージ。

② ＣｈａｔＧＰＴの回答を軌道修正する

欲しい回答が得られなかったときに、「○○を考慮して再回答してほしい」「△△の立場で考えてほしい」など、自分が欲しい回答に近づけていくイメージ。

簡単な内容なら一発で回答が得られる場合も多いですが、本書でこの先に紹介していく内容のように少し高度だったり、プロンプトに入力する条件が多くなったりすると、一度の質問で欲しい回答を得るのは難しくなっていきます。質問を重ねていく心構えは、ＣｈａｔＧＰＴを使いこなすうえで欠かせません。

逆に言えば、**ＣｈａｔＧＰＴに質問を重ねることで、より仕事に役立つ回答が得られる可能性を高めていける**のです。

ChatGPTへの〝プロンプト逆質問〟も効果的

加えて、**ChatGPTに質問するべき内容を、ChatGPTに聞いてしまう**というテクニックも身に付けてほしいと思います。

例えば、**漠然と聞きたい内容があるけれど、具体的にどういう質問をしていいか分からないときに有効**です。「〇〇するためのプロンプトを10個作って」などと、漠然としたイメージ段階からでも、ChatGPTはプロンプトのアイデアを出してくれます。ChatGPTを使うことに慣れてくると、非常に便利だということがよく分かると思います。

ChatGPTは適切なプロンプトを入力しなければ、適切な回答を得ることができません。細かい日本語表現の間違い程度なら、こちらの意図をくんで回答してくれます。ですが、質問の趣旨がずれている、**必要な情報が漏れているケースなどは、いつまでたっても欲しい回答を得ることができません。**

具体的には、自分が質問したい内容を記入したうえで、「このプロンプトに必要な情報の漏れがあれば教えてください」と事前に質問するなど、自分のプロンプトを推敲（すいこう）してもらうような使い方が想定できます。

質問と回答を重ねていく、プロンプトを逆質問するという2つのテクニックを踏まえ、私が「仕事の骨子」に関する質問をChatGPTに考えてもらったときの例が、次のページから紹介している「プロンプト18」です。

まず、「〇〇という業界のビジネスモデルを教えてください。」などと考えられるパターンを盛り込みながら、ざっくりと質問しています。

しかし、思うような回答が得られなかったので、「仕事の流れに沿って並び替えて」「どういう流れでまとめ直したか」と再質問。それでも不十分だったので、「仕事の骨子を理解するための流れのヒント」も与えました。このように掘り下げ、ようやく満足できる回答が得られました。

一方でこの段階では、文章がChatGPTに入力するプロンプトではなく、ChatGPTがこちらに質問する体裁になっていました。そこで、ChatGPTに聞くためのプロンプトに直すようお願いしました。これは一発で回答しました。

以上で、私が欲しいと思っていた「仕事の骨子」に関する質問を得ることができました。最後に、「各項目についてあと4つずつ出して」と具体的に掘り下げています。ChatGPTはここまでの会話の流れを理解しているので、簡単な質問だけで、意図に沿ったプロンプト案を提案してくれます。**他の人間の助けを全く借りずに、ChatGPTへの質問だけでここまでの回答を導き出せる**のは、本当にすごいことです。

プロンプト 18

仕事の骨子に関する質問

**仕事の骨子について確認するためのプロンプトを10個作って。
例えば、
○○という業界のビジネスモデルを教えてください。
などです。**

1.あなたが今携わっているプロジェクトの主要な目的は何ですか？
2.あなたの業界で最も影響力のあるトレンドは何ですか？
3.現在取り組んでいる課題や問題点について説明してください。
4.あなたの企業が提供する主要な製品やサービスの競争優位性は何ですか？
5.あなたの業界で最も成功している企業が何を異なった方法で行っているのか、具体的に説明してください。 **(以下略)**

なお、特にこのようなアイデア出しの場合、ChatGPTは「10個」「20個」と無茶ぶりした場合も、その数に合わせて回答します。数が多いほど、すべてが使えるアイデアとはいかなくなりますが、**使えそうなものを提案させる確率を高める意味でも、多めに数を指定して聞くとよい**でしょう。

なお、仕事の骨子に関する質問は、ビジネスモデルなど仕事の仕組みを理解し、正しい目的や目標、それを達成するための問題を設定するために欠かせない情報です。やり取りの最後にある「1」〜「6」まで、ChatGPTが回答してくれた内容は非常に有効なので、この質問をChatGPTで試してみてください。

仕事の骨子を理解するには、仕事の流れがあると思います。その流れに沿って順番に並べ替えてください。

もちろんです、以下にその流れに沿った質問の順番を提供します：

1.あなたが今携わっているプロジェクトの主要な目的は何ですか？
2.あなたの業務の一日の流れを説明してください。何が最も重要な業務となりますか？
3.あなたの企業が提供する主要な製品やサービスの競争優位性は何ですか？
4.あなたの業界で最も影響力のあるトレンドは何ですか？
5.あなたの業界においてデジタルトランスフォーメーションがもたらす影響について説明してください。
6.現在取り組んでいる課題や問題点について説明してく　**(以下略)**

どういう流れでまとめ直したか、項目名を入れて説明してください。

もちろんです、以下に項目名を追加し、各質問がどのように仕事の流れを理解するために配置されたかを説明します：

1.プロジェクトの目的：あなたが今携わっているプロジェクトの主要な目的は何ですか？
2.日常の業務：あなたの業務の一日の流れを説明してください。何が最も重要な業務となりますか？
3.製品/サービスの競争力：あなたの企業が提供する主要な製品やサービスの競争優位性は何ですか？
4.業界のトレンド：あなたの業界で最も影響力のあるトレンドは何ですか？
5.デジタル化の影響：あなたの業界においてデジタルトランスフォーメーションがもたらす影響について説明してください。
6.課題と問題：現在取り組んでいる課題や問題点につい　**(以下略)**

仕事の骨子を理解するには、
・顧客に与える価値
・そのための会社の目的
・目的を達成するための目標
・目標を達成するために越えなければならない問題
・問題解決のためのアクション
・アクション遂行のための作業
というように粒度を変えていけると思います。

この流れを理解できるように、仕事の骨子を確認するプロンプトを作ってください。

理解しました。あなたが提案したフレームワークに基づいて、仕事の骨子を理解するためのプロンプトを作成します：

1. **顧客に与える価値：**あなたの企業が顧客に提供する主要な価値は何ですか？
2. **会社の目的：**あなたの企業が存在する主要な理由や目的は何ですか？
3. **目的達成のための目標：**あなたの企業が設定した主要な目標は何ですか？ これらの目標が会社の目的達成にどのように寄与していると思いますか？
4. **目標達成の障害：**目標達成のために越えなければならない主要な課題や問題は何ですか？
5. **問題解決のためのアクション：**あなたの企業がこれらの課題や問題を解決するためにどのようなアクションを取っていますか？
6. **アクション遂行のための作業：**上記のアクションを遂行するための具体的な作業は何ですか？ これはあなたの日常の業務にどのように影響していますか？

これらの質問は、顧客に提供する価値から始まり、会社の目的、目標設定、問題とその解決策、そして具体的な作業に至るまで、仕事の骨子を段階的に理解するのに役立つでしょう。

これは、私たちへの質問になっていますよね。
GPTに聞くためのプロンプトとして書くとすれば、どう書き換えられますか?

申し訳ありません、理解しました。GPTに聞くためのプロンプトとしては以下のように変更します:

1.顧客に与える価値:〇〇業界(または特定の会社)の顧客に提供する主要な価値は何でしょうか?
2.会社の目的:〇〇業界(または特定の会社)が存在する主要な理由や目的は何でしょうか?
3.目的達成のための目標:〇〇業界(または特定の会社)で一般的に設定される主要な目標は何でしょうか? これらの目標が会社の目的達成にどのように寄与すると思われますか?
4.目標達成の障害:〇〇業界(または特定の会社)で目標達成のために一般的に直面する主要な課題や問題は何でしょうか?
5.問題解決のためのアクション:〇〇業界(または特定の会社)で一般的に取られる、これらの課題や問題を解決するための主要なアクションは何でしょうか?
6.アクション遂行のための作業:〇〇業界(または特定の会社)で一般的に行われる、上記のアクションを遂行するための具体的な作業は何でしょうか?

ここでの「〇〇」は、特定の業界や会社の名前に置き換えてご使用ください。

OK！ その方針です。

それでは、各項目についてあと4つずつ出してください。


もちろんです、各項目についてさらにプロンプトを作成します：

1.顧客に与える価値：
〇〇業界の製品やサービスが顧客の日常生活やビジネスにどのように貢献していると思いますか？

〇〇業界の顧客が最も価値を感じると考える製品やサービスの特徴は何ですか？

〇〇業界はどのようにして顧客のニーズを満たしていますか？

〇〇業界が提供する価値は他の業界とどのように異なると思いますか？
2.会社の目的：
〇〇業界における企業の一般的なミッションとビジョンは何ですか？

〇〇業界の企業が社会に対して果たす主要な役割は何でしょうか？

〇〇業界の企業が追求する一般的な価値観は何ですか？

〇〇業界における企業の成長と持続可能性に対する一般的な取り組みは何ですか？
3.目的達成のための目標：
〇〇業界の企業が設定する一般的な短期的な目標は何ですか？

〇〇業界の企業が設定する一般的な長期的な目標は何ですか？

〇〇業界の企業がどのようにしてこれらの目標を達成しようとするか、一般的な戦略は何ですか？

〇〇業界の企業が目標を設定する際に考慮する一般的な要素は何ですか？
4.目標達成の障害：
〇〇業界で一般的に遭遇する内部的な課題は何ですか？

〇〇業界で一般的に遭遇する外部的な課題は何ですか？

〇〇業界の企業が直面する可能性のある規制上の問題は何ですか？

〇〇業界の企業が直面する可能性のある技術的な障害は何ですか？
5.問題解決のためのアクション：

〇〇業界の企業が直面する問題を解決するために取り入れる一般的な技術やツールは何ですか？

〇〇業界の企業が直面する課題に対する一般的な戦略的アプローチは何ですか？

〇〇業界の企業が直面する問題を解決するための最も効果的と思われる施策は何ですか？

〇〇業界の企業が新たな課題に対応するために一般的にどのように革新を行いますか？
6.アクション遂行のための作業：
〇〇業界における一般的な日常の作業の流れは何ですか？

〇〇業界の企業が目標を達成するために必要な主要な作業は何ですか？

〇〇業界の企業がプロジェクトを遂行する際の一般的な手順は何ですか？

〇〇業界における作業の効率化や生産性向上のための一般的な手法は何ですか？


以上が各項目に対する追加のプロンプトです。それぞれの業界や会社に適用できるように、汎用的に作成しました。

ＡＩを使わない方が危険？〜火やＳＮＳと理論は一緒〜

「生成ＡＩを使うと危険では？」という質問をよく受けます。確かにＡＩが誤った回答を生成するハルシネーションの問題など、一定のリスクはあります。しかし、ＡＩを使うと危険だと主張する人は、**ＡＩを使わない危険を考えたことがあるでしょうか。**

例えば、火は家を燃やし、人の命を奪う危険性がありますが、火を使わなければ肉を焼くことはできませんし蒸気機関も動きません。使うのも使わないのも危険です。人間は火を使えるようになったからこそ、今のような文明の発展を続けることができました。

普及期にＳＮＳを軽視していた会社はどうなったでしょうか。後になって、必死にInstagramやＹｏｕＴｕｂｅへの投稿をしていると思います。ですが、初期からしっかり運用していた企業に追い付くのは容易なことではないはずです。

ＡＩも同じことが言えます。すごい速さで進化している人類の英知を使わない手はないでしょう。1年後には、自分の仕事の半分以上がＡＩに置き換えられてしまう可能性すらあるのに、何の対応もせず、危険だからとＡＩを使わずにいるのは愚かな話です。

生成ＡＩを使うリスクに情報漏洩を心配する声もありますが、**基本的にＳＮＳへの対応と同じ**と考えればいいと思います。ＳＮＳに名指しでお客さまのことを書くことはないはずです。ＳＮＳに書かない方がいいような情報なら、ＣｈａｔＧＰＴに入力するのも避けるべきだという考えです。もしくは、個人情報の代わりに「30代男性」や、企業名の代わりに「日本の上位○社の商社で、売上額がこのくらい」など、個人や企業が特定できない範囲で書くようにしましょう。一般的な質問であれば、それでも十分に必要な情報を得ることはできるはずです。

あるいは大企業であれば、Microsoftが提供している「Azure OpenAI Service」を使う選択もあります。日々の仕事でMicrosoft Officeで資料を作り、Microsoftのサーバーを使っていませんか。Microsoftを信用できないというのであれば、これらのサービスも使えないことになります。おそらく今後は、Ｇｏｏｇｌｅも法人向けのサービスを出してくるでしょう。また、法人向けにAzure OpenAI ServiceやＯｐｅｎＡＩのＡＰＩを自社専用生成ＡＩとして環境構築を手がけている会社もあります。セキュリティなどのリスク対策については、これらのサービスを使うことで、一定以上のクオリティを担保できるでしょう。興味があれば、自社の情報システム関連部署に聞いてみるのもいいと思います。

「ＡＩを使うと思考力が落ちる」は間違っている

「ＡＩを使うことで人間の思考力が落ちるのではないか？」という懸念も誤解だと思っています。試しにＧＰＴ－４が生成した長文をきちんと理解できるまで読んでみてください。あなたが一つ一つの言葉を理解し、文章全体の意味が分かるまでには、相応の時間がかかると思います。その過程はまさに学習です。思考力が落ちるはずはありません。

プロンプトの作成自体も、思考力を使う作業です。正しい言葉遣いや説明力、先を見通す力などがないと、適切なプロンプトを組み上げることはできないからです。「この質問をしたらこんな回答が出るはずだ」「そうなると、次はこの作業をしてほしいからこんな指示をしよう」「でも、これを聞いたらこんなエラーが出るかもしれないから、こういう制限を入れた方がいいだろう」など、先に、先にと思考する力が必要とされるからです。

Point

- **ＡＩを使う危険性より、使わない危険性を考える**
- **適切なプロンプトが作成できれば、思考力は落ちない**

第5章

AI時代に
仕事ができるとは、
どういうことなのか？

「同僚の彼」が評価される理由
～目的に最短距離で突き進む～

第1章と第2章では時代にかかわらず、キーエンスでの経験を踏まえ、仕事で普遍的に求められるスキルを解説してきました。第3章と第4章で、ＣｈａｔＧＰＴやその他の生成ＡＩについても大枠を理解いただいたところで、この章ではこれからのＡＩ時代に、特に重要となるだろうスキルについても解説します。

私は、最初から仕事ができる人間だったわけではありません。

キーエンスに入社した当初はむしろ不器用で、言われた仕事を単純に作業としてこなすだけで必死でした。それに対して、私の同期のＫさんは、日本のトップ大学の薬学部をストレートで卒業した、とても仕事のできる人でした。

私と彼の何が違ったかというと、Ｋさんは**とにかく目的に対して一直線で進んでいました。**最短距離で到達するにはどうしたらよいかだけを考え、目的を達成した後には振り返りをする。もちろん、私も何もしていなかったわけではないのですが、**今考えると、目の前で起こっていることへの対応に終始していた**と思います。

例えば、私は入社当初から。効率が良くないと感じる業務はエクセルでマクロを組んで自分の作業時間を短縮するなど、プログラミングの知識を活用していました。

一方、薬学部卒のKさんは、難しいプログラミングは使いこなせませんでした。しかし、1年後には彼がプログラミングを用いて、お客さまに提供したツールが高い評価を得るようになっていました。お客さまが欲しいものが何かを明確化し、最短で手に入るツールを提供できていたからです。これは、顧客への価値の提供という目的から逆算して、最短で商品やサービスを作って提供するという理想的な仕事の進め方そのものです。

プログラミングのスキルは、最初はKさんより私の方が上でした。しかし、当時の私は、自分の作業時間の短縮だけを目指していました。自分の視点だけでは、お客さまに価値は提供できません。「目の前の仕事を積み重ねていけば、いつかお客さまの役に立つだろう」と考えている人は、残念ながら評価されません。Kさんがやっていたことこそ、付加価値を提供する「仕事」であり、私がやっていた仕事は「作業」に過ぎません。

このように、Kさんはいつもお客さまの目的を理解した仕事ができていたので、社内でも「Kさんはよく考えているね」と評価されていました。一方、目的が分かっていない私のような人は

「君のやることは、ちょっとずれているよね」と言われてしまいます（泣）

目的設定や達成のために必要な時間は、ＣｈａｔＧＰＴを活用することではるかに減ります。つまり、**お客さまの目的を理解して仕事ができる人と、そうでない人の差が、これまでとは比べものにならないほど広がっていく**のです。目的設定、達成の重要性は第１章で解説した内容ではありますが、ＡＩ時代により欠かせないスキルになっていくことを、念押ししておきます。

Point

●目的設定、達成ができる人はＡＩ時代にさらに活躍する

AI時代に成果を上げる心構え ～「Why」の連鎖で目的を知る～

仕事をするうえでは常に「Ｗｈｙ」を繰り返すことを心掛けましょう。

例えば、ＤＸのソリューションを売っている営業職の人が、お客さまに説明するための資料を作成するように上司に指示されたとします。ここで考えるべきなのが「上司はなぜその指示を出したのか」。つまり、上司の指示の裏にある本当の目的は何かということです。

上司が考える一番の目的は、ただ単に資料を用意することではありません。その資料を見たお客さまが「買いたい！」と思い、その後も継続的に取引が続くことです。お客さまが買いたくなる魅力的な内容で、それを見れば意思決定が可能で、できれば高額で買ってくれるような資料を作成すればいいということになります。

ここまでの例では、上司の指示に対してまず「Ｗｈｙ」、次にお客さまが購入し、継続的に取引を続けていくために「Ｗｈｙ」を繰り返しています。多くの場合「Ｗｈｙ」を繰り返すことで、最終的には自社の商品をお客さまが使うシーンで**最大限の付加価値を提供でき、自社の商品を喜んで買ってくれる状態の明確化**に帰結します。

仕事の「仕組み」を必ず理解しておく

仕事というものは、あらゆる人の仕事、作業が連鎖して成立しています。単に「Ｗｈｙ」を繰り返すだけでなく、仕事が連鎖する「仕組み」の理解が欠かせません。

食品を例にとっても、一次産業として生産（農業、漁業、畜産業など）があり、二次産業として加工のプロセスがあり、その後に飲食店・販売店を通じて一般の消費者に提供されます。この場合、一次産業から加工へ進む流れや、加工から飲食店・販売店への流れはＢ ｔｏ Ｂです。最後にお客さまが食べるところだけがＢ ｔｏ Ｃとなります。こうした**ビジネスモデルの理解が不可欠です**。特に、ビジネスモデルにおける自分のポジションと、どのお客さまに対して価値を提供すべきなのかを把握することが欠かせません。大枠を理解できれば、「Ｗｈｙ」を繰り返すたびに、適切な解が得られます。自分の仕事の目的を正しく、明確化することに帰結します。

今の私は、超専門的な分野を除く基本的な仕事なら、どんな仕事を任されても活躍する自信があります。なぜかというと、あらゆるパターンのビジネスモデルを理解しているか、理解するためのプロセスを知っているからです。

例えば、ある大企業の経理に行ったとしたら、すぐに自分のミッションは何かを考えます。ケースバイケースですが、「この企業の経理をすべて『見える化』して、人が何かのデータを入力することにかかる時間やコストを極限まで減らす。経営陣に対しては、経営判断に必要な情報を一瞬で吟味・検討できるシステムを組むことを、最短でやるのがミッションだ」などといった判断が想定できます。営業に回されたなら、「最大の粗利益を構築しながら、他のメンバー全員の成績も上げるためのマーケティング施策を立てよう」などとなります。飲食店の店長なら……情報システムなら……開発なら……と、同様にすぐ判断できます。

ビジネスモデルを理解していると、常に自分に求められていることが分かり、正しい目的設定にもつながるのです。

仕組みの次に、ルールについても知ろう

ビジネスモデルと一緒に「ルール」についても理解しておくと、仕事で有利な立場に立てる可能性が高まります。ここでいうルールは、主に制度や規則といったものです。企業にはあらゆるルールが存在し、皆それに沿って動いていると実感できるのではないでしょうか。人が動く原理原則やメカニズムと言ってもいいかもしれません。

当然、ルールは守らなければなりません。ですが、ルールになっていないことにまで縛られている人が意外と多い。これが「**ルールを知らずに縛られる人**」です。誰も「ダメ」とは言っていないのに「こんな提案をしても却下されるだろう」と勝手に固定観念を持ち、身動きが取れなくなっているのです。

「ルールを知る人」はうまく立ち回れます。代表例は、自社の人事制度の仕組みを細部まで正しく理解しており、制度に沿って評価されるように動いている人です。どの企業でも、人事評価は一定のルールに基づいて行われているので、ルールを知る人は高い評価を受け続けられるはずです。ルールを知らない人はいつまでたっても昇進できません。

一番強いのは、「ルールを作る人」です。「目的を変える人」と言い換えることもできるかもしれません。

ルールが何のために存在するかというと、目的、目標達成のためです。例えば、道路交通法の目的は人々が安心・安全に暮らせることです。ですが、「有事の際に国民の安全を守るため」という新しい目的ができたとき、例えば道路交通法があっても、救急車は赤信号でも進むことが許されます。つまり、目的が変われば、ルールも書き換えられるのです。

例に挙げてきた法律や、社内のルールだけではありません。お客さまが買う際のルールや、ビジネスモデルの中でのルールも一緒です。

ルールは正しく知り、うまく立ち回れるようになりましょう。ただ、ルールにとらわれすぎてもいけません。**柔軟な発想で新たな目的を発見したときに、ルールは書き換えられる**ものだと知っておいてください。

Point

- **ルールを知らないと固定観念に縛られる**
- **新たな目的が生まれると、ルールは変わる**

ChatGPTを活用して超重要なビジネスモデルを知る

ビジネスモデルを筆頭に仕事の仕組みを知り、そこから目的を導き出す重要性を解説してきました。実は、ここでＣｈａｔＧＰＴが大変役立ちます。大抵の業界、企業のビジネスモデルに関する情報は、世の中にあふれています。一方で、体系的にまとめられた情報は意外に少ない印象です。ＣｈａｔＧＰＴに回答してもらう意義が高いです。

１３８ページからの「プロンプト19」では、自社の概要をＣｈａｔＧＰＴに伝えたうえで、自分と自社の目的を聞いています。自社の概要は、年商や従業員数などをざっくり伝えるだけでも、そこから事業規模や企業に求められるニーズなどを想像して回答してくれます。

自分と自社について一緒に聞くことで、企業は属するビジネスモデルの中で何を求められているのか、そこから自分の役割は何かまで落とし込んで、一度に理解することができます。

また、顧客となる企業の目的を知っておくことも大切です。顧客の目的を知らなければ、ニーズに応える商品やサービスは提案できません。商談などでは、下調べが非常に大切です。相手企業の目的に応じたセールストークができれば、案件の成功確率を高めることができます。顧客企業の目的は、１４０ページの「プロンプト20」でＣｈａｔＧＰＴに聞いています。

また、私が代表を務める株式会社カクシンでは広報の社員に、やり取りをしているメディアについて知っておくように伝えています。営業や広報をはじめ、取引先や相手方のニーズに対応する必要がある部署に属している人は、特に重要度が高いと言えるでしょう。

プロンプト 19

自分、自社の目的を知る質問

業種:自動車製造業
年商:5兆円規模
ターゲット市場:全世界の自動車ユーザー
従業員数:15万人
所属する部署:製品開発部
この会社の目的、および自部署、私の仕事の目的を詳しく教えてください。

私の自身の目的については、より明確にしたいので、
5つほどの項目に分けて提示してください。

また、私は今一般社員ですが、課長クラス、部長クラス、役員クラスの目的も含めて提示してください。

了解しました。以下に、提供された情報を基に、各部署・職階の目的を示します。ただし、これは一般的な解釈を元にした想定ですので、実際の会社の組織文化や戦略によっては異なる場合があります。

1.会社全体の目的:
・**市場リーダーシップ:** 全世界の自動車ユーザーをターゲットとしており、5兆円の年商を持つことから、業界内でのリーダーシップを維持・拡大すること。
・**持続可能性:** 環境問題への対応や持続可能な経済成長を目指すこと。
・**顧客満足:** 高品質な自動車を提供し、全世界の顧客からの信頼を獲得・維持すること。
・**従業員の成長と福利:** 15万人の従業員のキャリア成長をサポートし、良好な労働環境を提供すること。

（**中略**）

2.製品開発部の目的:
・**製品革新:** 業界をリードする新製品やサービスを開発すること。
・**効率的な製品開発プロセス:** 開発サイクルを短縮し、コスト効率の良い方法で製品を市場に導入すること。
・**市場動向の把握:** 顧客ニーズや市場のトレンドを把握し、それに応じた製品開発を行うこと。（中略）

3.あなた（一般社員）の目的:
・**スキルセットの拡充:** 持っている技術や知識を継続的に更新し、新しいスキルを習得すること。
・**タスクの遂行:** 割り当てられたタスクやプロジェクトを期限内に正確に完了すること。（中略）

4.課長クラスの目的:
・**チームのマネジメント:** 部下の業績や成長をサポートし、効率的なチームワークを維持すること。
・**部門の目標達成:** 部門の短期および中期の目標達成をサポートし、そのための戦略を策定・実施すること。（中略）

5.部長クラスの目的:
・**部門戦略の策定:** 長期的な部門の目標や戦略を策定し、その実施を監督すること。
・**業績管理:** 部門の業績を評価し、必要な改善策を実施すること。
（中略）

6.役員クラスの目的:
・**企業戦略の策定:** 会社全体の長期的な戦略や方針を策定し、経営層と連携してそれを実施すること。
・**業界や市場との関係:** 他の業界関連の企業や団体との関係を築き、協力関係を強化すること。（中略）

これらの目的は一般的なものであり、具体的な会社や組織、その文化や戦略によって変わる可能性があります

プロンプト 20

顧客の目的を知る質問

顧客企業の目的を明確にしたい。
顧客の業種:オンライン小売業
年商:1兆円規模
ターゲット市場:全年齢層のオンラインショッパー
従業員数:2000人
という会社です。
この企業の目的を明確にしたい。
・ビジネスモデルの解説
・ビジネスモデルから想像される顧客企業全体の目的
・想像される部署とその部署の役割
・問題が発生していそうな業務の仮説
を出してみてください。

了解しました。以下に詳細に解説します。

1. ビジネスモデルの解説
・**オンライン小売業:** 顧客がウェブサイトまたはアプリを通じて商品を選び、購入するビジネスモデル。物流、在庫管理、マーケティング、カスタマーサービスなどが含まれる。年商1兆円規模の会社としては、幅広いカテゴリーの商品を取り扱っている可能性が高い。
2. ビジネスモデルから想像される顧客企業全体の目的
・オンラインショッピング体験のリーダーとしての地位を確立し、持続的な成長を達成する。
・ブランド価値を上げ、全年齢層のオンラインショッパーにとっての第一選択となる。
・技術やデータを活用して、よりパーソナライズされたショッピング体験を提供する。
・サステナビリティや社会的責任を果たしながら、ビジネスを展開する。

3.想像される部署とその部署の役割
・**マーケティング部:** 新規顧客の獲得、ブランドの認知度向上、キャンペーンの運営。
・**物流・供給チェーン管理部:** 在庫管理、注文処理、配送最適化。
・**商品開発/バイイング部:** 商品の選定、取り扱いブランドとの関係管理、価格設定。
・**カスタマーサポート部:** 顧客からの問い合わせ対応、アフターサービス。
・**IT部:** ウェブサイトやアプリの開発・維持、データ解析、セキュリティー対策。
・**人事・総務部:** 従業員の採用・研修、社内の運営管理。
・**財務部:** 会計、予算管理、投資判断。
4.問題が発生していそうな業務の仮説
・**物流の遅延:** 1兆円規模の企業では、注文量が非常に多く、物流の遅延や誤配送が発生する可能性がある。
・**在庫の過剰または不足:** 予測ミスやサプライチェーンの問題で、一部の商品が過剰にストックされる一方で、人気商品が品切れとなる可能性。
・**データセキュリティーの問題:** 大規模なオンラインビジネスを運営する上で、顧客データの漏洩やサイバー攻撃のリスクは常に存在する。
・**競合との価格競争:** 他のオンライン小売業者との価格競争が激化し、利益率の低下や市場シェアの喪失が生じる可能性。

以上の情報は、提供されたデータを基にした仮説や想像に基づいています。実際の企業の状況や目的、問題点などは詳しい内部情報や実地調査に基づいて判断する必要があります。

「プロンプト19」の自社、自分自身の目的に関する質問について補足をします。

ここでは、「部長クラス」や「役員クラス」の目的も教えてほしいと聞きました。社内で出世していきたい場合、**上司の目的も理解して、それに応える仕事をすることが近道**になるからです。直属の上司だけではなく、２つ上の役職にある上司の目的まで聞くのがポイントです。多くの場合、企業で自分を引っ張り上げてくれるのがその立場にある人だからです。

上司をはじめ、社内の他の人が何を目的として仕事をしているのかを知ることも、実は有効です。コミュニケーションを取るときに、相手の発言や言動の根拠が分かるようになるのは、自分が仕事を進めるうえでも役に立ちます。

ChatGPTにはまだ限界もある。AI時代に重宝される3つのスキル

本書ではＣｈａｔＧＰＴをフル活用することで、仕事の成果を飛躍的に上げる方法を紹介しています。一方で、まだＣｈａｔＧＰＴにはできないこともあります。人間だからこそ発揮できる貴重な能力として、今後、重要度が増していくと考えられるスキルは主に３つです。

①意思決定力
②創造性
③人間関係構築力

次のページから、一つずつ解説していきましょう。

① 意思決定力

意思決定力のことを大胆な決断ができる、精神的な意味合いが強い「胆力」だと思っている方が多いですが、それは誤解です。第1章（30ページ）でバンジージャンプの話をしたように、**意思決定の成功確率を入念に調べ、その後に生じるリスクまで予測できていること**を意味します。必要事項を十分吟味し、知識に基づいて判断する能力です。

また、社運を左右するような判断だけでもありません。そのプロジェクトを進めるか、どんな戦略を取るかといった小さい単位の判断も、意思決定力に含まれます。

では、ここで問題を出しましょう。例えば、次のような条件のプロジェクトがあった場合、あなたは「やる」「やらない」をどう決断しますか？

●コストは0円で済むが、そのプロジェクトを完了するまでに自分は１００時間使う必要がある
●プロジェクトの成功確率は10％。成功すれば1億円の利益が生める
●残り90％の確率で失敗した場合は、利益は0円（なし）

１００時間が無駄になるリスクが高いと判断し、「やらない」と決断するでしょうか。

意思決定力のある人は、「1年間で２０００時間働けるから、年20回チャンスがある。そうすれば、年間では2回以上成功できる。1回の成功で1億円の儲けを出すことができれば、年間では

２０００時間を費やすことで2億円の利益が生める」と考えます。そして、「実は、おいしい話だ」と結論づけます。

私は日ごろから、特に日本人は成功確率が低い（利益につながらない可能性が高い）仕事は避けたがる傾向にあると感じています。あるいは、目先の成功確率だけを考えている人、という言い方ができるかもしれません。

今回の例では90％は失敗に終わるので、確かに1回の仕事だけで考えたら、貴重な１００時間を無駄にするリスクはそれなりにあります。ただ、そこで一度立ち止まって、**「年間では……」「この仕事を20回すれば……」と大局観に立って吟味することが大切**です。そうすれば、「年２億円の利益を生める可能性がある」という結論が出せるわけです。逆にできないと、年２億円の利益を生むチャンスを逃すことになります。

意思決定とは、つまるところ確率論です。いかに数字ベースで考えることができるかが大切になっていきます。成功確率など最初から与えられるわけではないので、様々な情報を検討し、導き出すスキルも必要です。

ＡＩはあらゆる情報を吟味し、示唆を提供することはできますが、意思決定に対してＡＩに責任を負わせることはできません。ＡＩが進化しても、人間に残された仕事となるはずです。

ただし、意思決定の判断材料を集めるにはＣｈａｔＧＰＴが大いに役立ちます。「○○という状況に対して、△△という方向で意思決定しようと思う。どんなことを考察するべきか、どんなデータを集めるべきか教えてください。」といった質問をすれば、有効な示唆が得られます。小さなプロジェクト単位の判断なら、これだけで十分な判断材料がそろうかもしれません。意思決定に失敗しない人になり、高い評価を得られるはずです。

◇　◇　◇

ここで例に出した「成功確率10％で、１億円の利益を生めるプロジェクト」など存在しないと思うかもしれませんが、違います。成功確率10％はある程度の現実性の高さが必要かもしれないにせよ、法人営業を行っていると、成功確率１％程度で１億円の利益を生むかもしれない企画はいくらでも出せます。

これを１カ月に50回、年間６００回の面談（商談や売り込み）をすれば、いくつかは受注できるとも考えられるわけです。そんな大量に面談できないと思うかもしれませんが、役に立つのがＣｈａｔＧＰＴです。第３章と第４章で紹介したプロンプトや、この後の第６章で紹介する「電話のセールストークを聞く質問」（１８６ページ）などを駆使すれば、面談数は一気に増やせます。

◇　◇　◇

② 創造性

創造性とは、可能性の種を見つけることです。「でも、だって」とすべてを否定していく人は、ＡＩ時代において淘汰されていくだけです。

なぜなら、ＣｈａｔＧＰＴは可能性の種を無限に膨らませることができるからです。「こんなことをやりたい。仮説でいいので、企画を20個考えて」と指示すれば、可能性あふれる提案がたくさん出てくるはずです。**創造性を持ち、ChatGPTを使いこなせる人は次々に新しいアイデアが出せる。**そうでない人とは、あっという間に差がついていきます。

一方で、ＣｈａｔＧＰＴはゼロからイチを生み出すことはできません。質問しないことには回答が出せないからです。「ＣｈａｔＧＰＴにこの質問をしたら、こういう答えが返ってくるはずだ」と想像し、使いこなす能力も、創造性に含まれると言えるでしょう。

ＣｈａｔＧＰＴが出力した結果をきちんと読み、使えるかどうか判断することも、まだ人間に求められるスキルとして残っていくでしょう。そういった意味でも、人間による創造性は不可欠ということになります。

③ 人間関係構築力

人間が人間に対するのと同じように、ＡＩに対して信頼感や安心感、友情を抱くようになるのはまだ現実的ではありません。ビジネスシーンでは「あなたを信頼できるから契約する」「あなただからこの仕事を任せる」といったことがよくあります。人間関係に基づいて仕事を勝ち取る、利益を生むというスキルもＡＩに代替されず、人間だからこそできることとして重要度は増していくでしょう。

特に**ビジネスにおいては、人間関係に基づいて成果を上げるためのコツがあります。**大切なのは、順番です。

まずは相手との信頼関係を築くことです。「まずは」と言いながらこれが一番難しいのですが、3段階のステップを踏んでいくことで、徐々に信頼関係ができていくはずです。

最初は不信感の払拭から入ります。相手があなたに対して抱いている「この人を信じていいのだろうか」という思いを払拭することです。基本的なことですが、挨拶や笑顔といったところからスタートします。

その次に、自分が相手に対して興味を持っているということを示します。相手は自分に興味を示してもらっていることが分かると、こちらに興味を持ってくれるようになります。これは「返報性の法則」という人間の心理効果の一つです。

ここまで来たら、自然と会話が成立していくはずです。その会話の中で相手の困りごとや求めていることを知り、自分にできることがあれば、かなえてあげる努力をします。その人を勇気づけてあげることができれば、関係はより深まっていきます。

実は、これは**セールスで行われているプロセスと完全に同じ**です。セールスでは、まず信頼関係を構築し、次にニーズを聞き、ニーズを解決するソリューションを提供し、意思決定を促す勇気づけをしています。まさにこの流れが必要なのです。

人間関係の構築が苦手だという声はよく聞きますが、おそらくセオリーを知らないだけです。セオリーから外れたコミュニケーションをしてしまい、過去に嫌われたり傷つけられたりした経験があり、「自分は人間関係の構築が苦手だ」と思い込んでしまっているのではないでしょうか。セオリーさえ知れば、今からでもやり直すことは可能なのです。

どれか1つの能力が秀でていればいい

ＡＩ時代に重要性が高まる３つのスキルを挙げましたが、すべてに秀でている必要はありません。むしろ１つだけでも、自分が向いていそうなスキルを磨き、特化していく方に力を注ぐべきでしょう。「彼はアイデアマンだから」「信頼関係の構築は彼女に任せよう」などと、適材適所で重宝される人材になっていけるはずです。

また、３つのうちどれか１つに特化していれば、周囲にはそれを補ってくれる人が自然と集まってくるはずです。部下を持つリーダー以上の人なら、それぞれ違う個性を磨いた人が集まったチーム作りをすることが重要と言えます。

ただし、注意したいのが、1つのスキルに特化していても、残りのスキルがゼロではいけないという点です。例えば、意思決定力はあるけれど、創造性がない人は「頑固で古い人」と嫌われてしまいます。すべてに秀でている必要はありませんが、どれも大切だということを理解し、他の能力も一定は身に付けておくべきです。

Point

●AI時代は意思決定力、創造性、人間関係構築力が大切

●どれか1つのスキルに秀でることを目指す

第6章

PDCAを
効率的に素早く回す
ChatGPT無双術
（前編）

仕事の根幹「3大要素」を満たす最重要プロンプトを徹底解説

ここからは、本書で解説してきた付加価値を生む仕事術が身に付き、かつ最速で仕事をこなしていくために欠かせない、ＣｈａｔＧＰＴの活用テクニックを紹介していきます。

使いこなせれば、従来は時間をかけて習得していた「経験」や「知識」などがあっという間に身に付きます。**“最強チート”を使って、次々と付加価値を生む人になれます。**自分自身だけではありません。**部下がマスターすればチームの成果、社員全員なら企業の業績も一気に上がっていきます。**

これから紹介するプロンプトも、第3章などで紹介した内容と同様にまねするだけで、または単語や数字などを入れ替えるだけで使えるものばかりです。

一方、そのためにプロンプトをシンプルにしている側面もあります。これから紹介するプロンプトの入力に慣れてきたら、アレンジにも挑戦してみてください。例えば、情報をさらに盛り込むことで、より個別の事例に即した回答をする可能性を高められるでしょう。そのあたりのアドバイスも一部で解説しています。

ChatGPT活用を付加価値創造、仕事の成果アップにつなげるためには、キーエンスでの経験も踏まえ、第1章で詳しく紹介した3要素を理解しておく必要があります。その流れに沿って仕事を進めていく中で、場面ごとにChatGPTの助けを借りていくのが、最も効果的な方法です。

まずは、3要素をおさらいします。

① プロフェッショナルの心得

仕事をするうえでの土台となる部分です。時間とお金の約束を高いレベルで必ず守ることと目的・目標・問題意識を持つことです。

② 知識と洞察力

目的を達成するためには、その妨げとなっている問題を解決する必要があります。問題解決に欠かせない正しい情報を収集、分析し、あらゆる判断の材料となる知識を身に付けなければなりません。さらに、知識を得るだけでなく、マイルストーンとなる目標設定に落とし込むスキルが求められます。

③ 行動と実現力

目的、目標を明確化できたら、最後には達成のためにやるべきことを遂行していく能力が求められます。具体的には、問題解決力と行動力です。知識と洞察力で触れた、自分が設定した問題を解決していくこと。そして、そのために必要な行動（量）を必ず満たすことです。行動量は、例えば営業なら「商談のアポイントを○件取る」などです。行動量が未達だと、目的が達成できなかったときに、原因が問題設定にあるのか、行動量の不足にあるのかが分析できません。当初の設定の通りに行動したことで初めて、「問題が間違っていた。再設定する必要がある」と結論づけることができます。

「プロの心得」は作業の時短で遂行する

プロフェッショナルの心得は、仕事に臨む心構えです。このうち「時間の約束を守る」という点でChatGPTが大活躍します。例えば、基礎知識の習得やリサーチ、資料作成など、従来は時間をかけざるを得なかった単純作業を短時間で終わらせることができ、結果として時間短縮、すなわち「時間の約束を守る」ことに貢献できます。

これについては、第３章や第４章で紹介したプロンプトをフル活用してください。

「クラウドとデスクトップの違いを教えてください。」（77ページ）などといった一般常識を

ChatGPTに聞けば、本を読んだり、インターネットで情報をあさったりしていた時間が一気に削減できるはずです。報告書やプレゼン構成など、資料作成のたたき台を作ってもらうケースも時短につながる最たる例です。

単純作業であれば、ChatGPTは大抵のことができます。イチから自分でやろうとするのではなく、まずはChatGPTにやってもらいましょう。習慣化すれば、まず短時間で8割方の仕事を終え、期限までの残りの時間で精度を上げていく進め方（36ページ）が自然とできていくはずです。

Point

●単純作業はChatGPTに任せる

経験を積む時間を〝チート〟して最短時間で成果を上げる方法

知識と洞察力、行動と実現力の２つの要素に基づいて仕事を進めていくと、様々な壁に直面すると思います。これらは経験を積んで習熟していく必要があり、一朝一夕で完璧にこなせるものではありません。

しかし、ＣｈａｔＧＰＴを使えば、この章の冒頭で書いた通り〝チート〟が可能です。誰でも、いち早く、前述した２つの要素を遂行できるようになるプロンプトを解説していきます。まずは、知識と洞察力を強化するいくつかの方法を紹介します。

「知識と洞察力」を強化

問題点からマイルストーンまで落とし込むプロンプト

必要な情報を収集、分析して問題を明らかにし、それをベースに目標を立てる。さらに、一定の期間で達成すべきマイルストーンに落とし込み、タスクを明確化する。知識と洞察力の遂行に必要なすべてに役立ち、付加価値をつくるために欠かせない仕事の進め方をＣｈａｔＧＰＴに聞くことができます。

目的達成のために欠かせない問題解決には、ほとんどのケースで使える〝魔法のプロセス〟があります。

問題解決の〝魔法のプロセス〟

① 現在の問題自体を定義する

目標に対しての、現状、成果軸、時間軸をはっきりさせることで、問題を特定します。

まずは、これを網羅的かつ的確に行うことが、問題解決の肝になります。

② 問題解決につながる情報を集める

問題解決には、情報が不可欠です。

適切な情報が十分に集まっていれば、問題解決はスムーズに進みます。逆に、十分な情報が集まっていないとき、効果的な問題解決ができません。

③問題解決につながるアクションを抽出する

情報を集められたら、目標達成に向けたアクション設定を行います。問題解決＝目標達成につながるアクションです。

④アクションプランをマイルストーンや役割に落とし込む

抽出したアクションを、マイルストーンと役割に落とし込みます。

ただし、これを自力で実行するには、時間も手間もかかります。一定以上のスキルや経験も必要になります。ですが、**ＣｈａｔＧＰＴの力を借りることで、誰でも、すぐにこのプロセスに沿って問題を解決できる**ようになります。

さあ、問題解決のプロセスは理解できましたか？　それでは、次の「プロンプト21」で問題解決プロセスを実行するための質問をしてみましょう！

プロンプト

21 問題解決プロセスを実行する質問

① 現在の問題自体を定義する

私たちはITソリューションサービスの新規顧客開拓を行っています。
現在の状況は次の通りです。
===
期限:2024年3月31日
目標数値:新規契約獲得数1000件
現在:2023年11月1日
現状数値:新規契約獲得数700件
===
この情報を基に、現在直面していると想定できる問題点を列挙してください。

現在の情報を基に、直面している可能性がある問題点を以下に列挙します。

1.達成ペースのギャップ：現在2023年11月1日で、新規契約獲得数が700件です。期限まで5カ月弱しかありませんが、残りの300件の新規契約を獲得する必要があります。過去のペースと比べ、契約獲得のペースが上がる必要があるか、一貫したペースを維持する戦略が必要です。
2.資源の不足：目標達成のために、現在のリソース（人員、予算、時間など）が十分であるか疑問が生じます。リソースが不足している場合、その影響で新規契約の取得が難しくなる可能性があります。
3.競合との競争：市場には他のITソリューションサービスも存在しており、彼らとの競争が激しくなっている可能性が考えられます。
4.市場飽和：目標達成のために必要な新規顧客数が既に市場に存在するのか、または市場が既に飽和状態にあるのかを検討する必要があります。

5.マーケティング効果の低下：現在のマーケティング戦略やキャンペーンが効果を示していない、または低下している可能性が考えられます。
6.品質やサービスの問題：顧客の評価やフィードバックが期待通りでない場合、新規顧客の獲得が難しくなるか、既存の顧客を失うリスクが増えます。
7.外部要因：経済状況、規制、技術の変化など、企業のコントロール外にある要因が新規契約獲得のペースを遅らせる可能性があります。
8.内部コミュニケーションの問題：チーム内のコミュニケーションや協力が不十分である場合、目標達成の効率が低下する可能性があります。

以上の点を踏まえて、具体的な改善策や新しい戦略を考えることが必要です。

② 問題解決につながる情報を集める

定義してもらった問題点に対して、何を調査・分析すべきでしょうか？

それぞれの問題点に対して調査・分析すべき内容を以下に挙げます：

1.達成ペースのギャップ：
・過去の月ごとの新規契約獲得数を分析して、ピーク時と低迷時の要因を特定。
・目標達成に向けての月ごとの必要契約獲得数を計算。
2.資源の不足：
・現在の人員、予算、ツール等のリソースと目標達成に必要なリソースのギャップを分析。
・リソースの効率的な使用方法の検討。
3.競合との競争：
・競合企業のサービス、価格、マーケティング戦略をベンチマーキング。
・市場内の競合の動向やシェアを調査。
4.市場飽和：
・ターゲットとなる市場の規模と現在の顧客の割合を分析。
・未開拓の市場や新しい顧客セグメントの特定。
5.マーケティング効果の低下：
・現在のマーケティング戦略の成果指標（KPI）を評価。
・マーケティングチャネルやキャンペーンのROIを分析。（以下略）

③ 問題解決につながるアクションを抽出する

提示してもらった調査・分析すべき内容を基に、定義してもらった問題点を解決するための具体的なアクションを考えてみてください。

それぞれの問題点に基づいた調査・分析の結果を基に、具体的なアクションを以下に提案します：

1.達成ペースのギャップ：
アクション：特定の月や時期にマーケティングキャンペーンやプロモーションを強化し、契約の獲得ペースを加速させる。
2.資源の不足：
アクション：一時的な外部リソース（フリーランス、外部代理店）を活用したり、予算を一部再配分して必要な部分に注力する。
3.競合との競争：
アクション：競合との差別化を強化するための新しいサービスや機能を開発。または、競合が弱い部分をターゲットとするマーケティング戦略を立案。
4.市場飽和：
アクション：新しい市場やセグメントにサービスを展開。既存の顧客にアップセルやクロスセルの提案を行う。
5.マーケティング効果の低下：
アクション：効果的でないマーケティングチャネルやキャンペーンを見直し、ROIの高い方法に資源をシフト。（以下略）

④ **アクションプランをマイルストーンや役割に落とし込む**

提案してもらったアクションを、具体的なマイルストーンに分解してみてください。

提案されたアクションを具体的なマイルストーンに分解します：

1. 達成ペースのギャップ：
・マイルストーン1: 次の1カ月内に、特定のマーケティングキャンペーン・プロモーションの計画を完成。
・マイルストーン2: 次の3カ月内に、キャンペーン・プロモーションを実施。
・マイルストーン3: キャンペーン終了後1カ月で、結果を評価・分析。
2. 資源の不足：
・マイルストーン1: 2週間以内に必要リソースの詳細な分析完了。
・マイルストーン2: 次の1カ月内に外部リソースの採用・予算再配分の決定。
3. 競合との競争：
・マイルストーン1: 1カ月内に競合分析の完了。
・マイルストーン2: その次の2カ月内に新しい戦略の策定と実施。
4. 市場飽和：
・マイルストーン1: 1カ月内に新市場/セグメントの分析完了。
・マイルストーン2: その次の3カ月内に新市場/セグメント向けの戦略実施。
5. マーケティング効果の低下：
・マイルストーン1: 2週間以内に現在のマーケティング活動のROI評価完了。
・マイルストーン2: 1カ月内に新しいマーケティング戦略の策定。
・マイルストーン3: その次の2カ月内に新戦略の実施と中間評価。
6. 品質やサービスの問題：
・マイルストーン1: 1カ月内に顧客フィードバックの収集・分析完了。
・マイルストーン2: その次の2カ月内にサービス改善策　**(以下略)**

「仮説」で考えさせれば見落としが潰せる

まず、「プロンプト21」では自分が行っている仕事の目標と現状を記載し、問題点を列挙してもらっています。

問題点を自力で明確にできているなら、自分で具体的に入力し、いきなりChatGPTに調査、分析すべき内容を教えてもらうのも手です。ですが、プロンプトに「直面していると想定できる問題点を列挙してください」と入力したように、**ChatGPTに仮説を立てて、考えさせるやり方をお勧めします。**

仮説なので、事実にそぐわない回答が出てくるかもしれません。一方、ChatGPTは様々な可能性を考慮することができます。現状や固定観念にとらわれず、幅広く「あり得る」問題点を提示してもらうことで、自分が考えていなかった問題点に気づけるヒントが得られる可能性が高いからです。

「プロンプト21」のケースでは、「達成ペースのギャップ」「資源の不足」など、8個もの考えられる問題点が提示されました。もし回答された問題点の数や内容が不十分なときや、問題点についてより可能性を探りたい場合は、次の「何を調査、分析すべきか」の質問に進まず、「さらに考えられる問題点を10個列挙して」などと掘り下げてもいいです。

問題点が明確化している場合でも、一度仮説でChatGPTに考えさせ、自分の考えに足りない点がないかを確認するといいでしょう。

問題点が分かったら、「情報収集、分析」です。問題点を解決するために何を調査し、分析するかＣｈａｔＧＰＴに考えさせています。すべて自力で考えるのは非常に骨が折れる作業ですが、ＣｈａｔＧＰＴにアイデアを出してもらうことで、かなりの時短につながるはずです。**収集、分析すべき情報の抜けや漏れを防ぐ点でも効果的です。**

続いて、アクションプランの抽出です。問題点を解決するためにはどんな行動が必要と考えられるのかをＣｈａｔＧＰＴに回答してもらっています。「資源の不足」に対するアクションなら、「一時的な外部リソース（フリーランス、外部代理店）を活用したり、予算を一部再配分して必要な部分に注力する」など、かなり具体的に提案してくれています。

最後に、提示されたアクションをマイルストーンに落とし込んでもらっています。「プロンプト21」のケースでは、８個の問題点に対してそれぞれ２～３個のマイルストーンを提案してくれました。しかも、各マイルストーンに要する期間も示してくれています。

なお、このプロンプトをアレンジして、最後を「具体的なマイルストーンと担当者に分解してみてください。」と質問すると、それぞれの問題点について「達成ペースのギャップ」や「マーケティング効果の低下」ならマーケティングチーム担当、「資源の不足」ならＨＲ部門 & 購買部門担当など、担当すべき部門（チーム）を提案させることができました。協力を仰ぐべき部署を把握するだけでなく、複数人のチームでプロジェクトに取り組んでいるときは、担当の割り振りの検討材料としても役立ちます。

ChatGPTの回答は完全ではありません。任せきりにして、提案された内容をそのまま進めるだけではいけませんし、他に必要な情報やタスクも考慮する必要はあります。しかし、ざっくりでもここまでの内容を出してくれれば、取捨選択して仕事を進めていくことができます。**「この観点を見落としていた」と、新たな発見があるかもしれません。**企画書や提案書を作るうえでも、盛り込むべき情報がパッと把握できるはずです。

実際に、「プロンプト21」を実行し、最後の回答結果を得るまでには、5分もかかりませんでした。問題解決の仮説立てを、たった5分だけでここまでできれば、議論やプロジェクトの実行スピードは格段に速くなります。

Point

- **問題点からマイルストーンまで落とし込ませる**
- **「仮説」で考えさせてあらゆる可能性を探る**

情報収集や分析のヒントをChatGPTから引き出す

「知識と洞察力」を強化

短時間で正しい情報収集を済ませるプロンプト

情報収集、分析のときに、各シーンで役立つプロンプトもあります。

まず、意思決定には知識が必要だと解説しました。様々な事案での意思決定で、どんな知識が必要なのかを、ＣｈａｔＧＰＴに聞くのも有効です。具体的なプロンプトと回答の例を、次の「プロンプト22」に示しました。この例の場合、「３（顧客の声）の調査方法について具体的に教えて」など、気になった内容を掘り下げる質問を続けていくのも有効です。

プロンプト

22 意思決定に必要な情報を聞く質問

既存商品の売れ行きが落ちているので、同じシリーズの新商品を開発する方向で意思決定しようと思う。
どんなことを考察すべきか、どんなデータを集めるべきかを教えてください。

既存商品の売れ行きが落ちている場合、同じシリーズの新商品を開発する前に以下の点を考察し、データ収集を行うとよいでしょう。

1.既存商品の分析:
・売れ行きが落ちている理由を特定する。顧客のフィードバック、レビュー、返品情報などを分析。
・売上データや時期別の推移、地域別の推移を見て、特定の時期や地域での売れ行きの変動をチェック。
2.市場分析:
・類似商品の市場動向や競合他社の動きを把握。
・顧客のニーズやトレンドを調査するための市場調査を実施。
・価格帯やターゲット層、プロモーション方法などの市場の標準を調査。
3.顧客の声:
・顧客アンケートやインタビューを通じて、新商品に求める要望や改善点を収集。
・SNSやオンラインレビューサイトでのクチコミや評価を分析。
4.新商品の提案:
・既存商品の強みや弱みを基に、新商品のコンセプトや価値提案を考案。
・新商品のプロトタイプを作成し、フォーカスグループなどを通じてフィードバックを収集。
5.技術的・経済的実現可能性の検証:
・新商品の製造コストや供給チェーンの問題点を検証。 (以下略)

情報分析に最適なフレームワークを聞く

ビジネスで情報を分析するときには、「強み（Strengths）」「弱み（Weakness）」「機会（Oppotunities）」「脅威（Ｔｈｒｅａｔｓ）」から戦略を立てる「ＳＷＯＴ分析」や、売上高やコストといった評価軸を決め、Ａ、Ｂ、Ｃと３つのグループ分けをして優先度を決める「ＡＢＣ分析（パレート分析）」など、様々なフレームワークがあります。情報分析をするときには、どんなフレームワークが使えるのかをＣｈａｔＧＰＴに聞くのも有効です。

「プロンプト23」（１７０ページ）では前述のフレームワークをサンプルとして提示したうえで、店の新規オープンの事例で、適していそうなフレームワークを10個聞いてみています。

自分で多くのフレームワークを学習し、理解するには膨大な時間がかかります。一握りの一流経営者を目指すなら、その必要はあるかもしれません。

しかし、多くの人にとって、例えば今の企業やポジションですぐに成果を上げられる人材になるためには、そこまでは必要ありません。個別の各シーンでＣｈａｔＧＰＴに適切なフレームワークを聞けば、適切な分析ができてしまうわけです。

さらにＣｈａｔＧＰＴが優れているのは、**多くのフレームワークを提案するだけでなく、実行することもできる**ことです。

「プロンプト23」ではフレームワークを聞いた後に、続けて、実際にSWOT分析についてChatGPTに遂行させました。簡単な情報を与えただけですが、「脅威」での「経済の停滞や不景気時には、支出を控える消費者が増える可能性がある」といった回答など、高級店であることを踏まえて、いかにも起こりそうな内容を**予想しています。予測しておかなければいけないリスクの整理をはじめとする「自己認識の確認」という点で有効**です。

SWOT分析だけでなく、続けて別のフレームワークをさせていくことも可能です。ChatGPTができないフレームワークもありますが、一般的なものなら対応する可能性が高いです。自力でやろうとすると途方もない時間がかかりますが、ChatGPTを使えば短時間で、様々なフレームワークによる多角的な分析ができてしまいます。

また、ここで優れているのは、「東京・六本木」と指定しただけで、土地の特性をくんだ回答を出していることです。チェーン店を展開する企業などで働いている人は、必ずChatGPTに聞いた方がよいです。

繰り返しになりますが、「プロンプト23」では、例として簡単な情報しか与えていません。具体的な検討、決定事項がある場合は、プロンプトに盛り込んでいきましょう。より事実に即している可能性の高い回答が得られるはずです。

プロンプト

23 フレームワークに関する質問

東京・六本木で新しく、富裕層向けの焼肉店をオープンしたいと考えています。
どのような分析を行うべきか、例を10個示してください。
例えばSWOT分析、ABC分析、顧客の購入キャパシティーの分析などです。

六本木で富裕層向けの焼肉店を開業する際に考慮すべき分析は多岐にわたります。以下はそのような分析の例を10個挙げます。

1.SWOT分析:
・Strengths（強み）
・Weaknesses（弱み）
・Opportunities（機会）
・Threats（脅威）
2.ABC分析: 商品の仕入れや在庫管理に役立ちます。仕入れた商品のうち、どれが最も利益を上げる可能性があるのかを分析。
3.顧客の購入キャパシティーの分析: 富裕層をターゲットとしているため、彼らの購買力や消費傾向を詳しく調査。
4.競合分析: 六本木エリアの他の焼肉店や高級レストランとの競合状況、それらの成功要因や顧客の評価を分析。
5.地域の人流分析: 六本木の人の流れやピークタイム、ターゲットとする顧客層が集まる場所や時間を特定。
6.価格帯分析: 富裕層を対象とした価格設定の最適範囲や、それに関連するメニューの提供価格を決定。 **（以下略）**

このケースで、実際にSWOT分析をしてみてください。

六本木で富裕層向けの焼肉店を開業する際のSWOT分析の例を以下に示します。実際の市場環境やデータに基づく詳しい分析は必要となりますが、一般的な考え方を基に示します。

Strengths（強み）：
1.対象市場: 六本木は外国人観光客や富裕層が多く集まるエリアであり、高級店舗に対する需要があります。
2.日本の焼肉文化: 日本の焼き肉は、国内外からの観光客にとって魅力的な食文化として認識されています。
3.質の高い食材: 日本産の和牛や高級な部位を使用することで、競合との差別化を図れます。
Weaknesses（弱み）：
1.高い初期投資: 富裕層をターゲットとした店舗デザインや内装、食材の仕入れには高額な投資が必要となります。
2.運営の難しさ: 高級店としてのサービスや品質を維持するための人材育成や教育が必要。
3.価格感: 高価格帯のメニューにより、幅広い客層からのアプローチが難しくなる可能性があります。
Opportunities（機会）：
1.外国人観光客: 六本木は多くの外国人観光客が訪れるため、彼らをターゲットとしたプロモーションやメニュー構築ができます。
2.コラボレーション: 地元の高級ホテルやバー、クラブとの連携を図ることで新しい客層を獲得。
3.テイクアウト・デリバリー: 新型コロナウイルスの影響で、高級テイクアウトやデリバリーニーズが増加している。このニーズに応えることができる。
Threats（脅威）：
1.競合店舗: 六本木には多数の高級レストランや焼肉店が存在し、競合との差別化が求められる。
2.経済状況: 経済の停滞や不景気時には、高級店への支出を控える消費者が増える可能性がある。
3.食材の価格変動: 和牛などの高級食材の価格が変動すると、経営に大きな影響を及ぼす可能性があります。

これらの要素を基に、具体的なビジネス戦略や対策を練っていくことが求められます。

数値化しづらい情報も「明確化」。キーエンス流の分析手法も実現

「知識と洞察力」を強化

抽象的な情報を数値化するプロンプト

情報の中には「顧客の感動の度合い」や「プロジェクトの進捗度」など、数値として判断しづらいものもあります。しかし、キーエンスでは何事も「まず数字で表現しなさい」と言われてきました。具体的に数値化しないことには、分析が抽象的になってしまいます。

いくつかの方法があります。まずは、数値化するための手法をChatGPTにストレートに聞いてみましょう。次の「プロンプト24」では顧客満足度について聞きました。これを「プロジェクトの進捗度」などに置き換えても、具体的な手法を提案してくれます。

プロンプト
24 顧客満足度の数値化に関する質問

数値化しにくいことを数値化したいと思います。
顧客満足度を数値に直したい。どのような手法が取れますか？ またその際の数値はどのような単位ですか？

顧客満足度を数値にすることはビジネスの多くの分野で一般的に行われています。以下はその手法と、数値の単位についての例です。

1.アンケートやフィードバックフォーム:
• **手法:** 顧客に商品やサービスの満足度を尋ねるアンケートやフィードバックフォームを実施。
• **数値:** 例えば、1～5、1～10、1～100のスケールで評価してもらう。または「非常に不満」「不満」「普通」「満足」「非常に満足」のような5段階評価も一般的。
2.ネットプロモータースコア（NPS）:
• **手法:**「この商品やサービスを友人や同僚に推薦しますか？」という一つの質問に基づいて、顧客満足度を測定する方法。回答は0～10のスケールで行われる。
• **数値:** プロモーター（9-10点）、中立者（7-8点）、デトラクター（0-6点）に分けて、NPSスコアは「% プロモーター - % デトラクター」で計算される。
3.カスタマーエフォートスコア（CES）:
• **手法:**「当社の商品やサービスを利用する際の手間はどれくらいでしたか？」という質問に基づいて顧客の努力を測定。
• **数値:** 例えば、1～7のスケールで「非常に低い」から「非常に高い」までの評価。
4.センチメント分析:
• **手法:** 顧客のレビューやコメントから感情や意見を分析して、ポジティブ、ニュートラル、ネガティブのセンチメントに分ける。
• **数値:** ポジティブ、ニュートラル、ネガティブのコメントの割合や、その感情の強度を示すスコア。

（以下略）

漠然とした顧客の感想文を数値化する

顧客満足度については、アンケートをとって情報を収集する場面も多いと思います。そのときに、例えば数値ではなく、感想文だけの回答があったとしましょう。

感想文を一つ一つ読んで、評価を数値化するのは非常に難しく、大変な作業です。しかし、**ＣｈａｔＧＰＴの力を使って、参考となる指標を得ることが可能**です。

具体的な方法は、１７６ページからの「プロンプト25」で示しています。

感想文を数値（点数）化するためには、指標が必要です。ここから、ＣｈａｔＧＰＴに聞いてしまいましょう。「顧客の感想を数値化できる項目を10個ほど出してください」と聞けば、項目を出してくれます。「感動度：10段階評価」などサンプルを与えると、適切な回答をする可能性を高めることができます。

「プロンプト25」のケースでは、「購入意向」や「利便性」など、実際に分析で役立ちそうな項目を得ることができました。

ＣｈａｔＧＰＴが回答した項目をベースに、次のプロンプトで実際に感想文を読み込ませ、数値化させてみます。試しに、ダミーで用意したビールの新商品に対する感想文を10個、ＣｈａｔＧＰＴ

に与え、分析してもらいました。

結果、10点満点でしっかり点数を出してくれました。参照したコメントを引用するなど、理由も示してくれています。また、10個の感想文に言及がない項目は「未評価」としているのも、一定の信用ができるところです。

点数が確実に正しく評価されているとは断言できないので、この結果を絶対的な顧客の評価指標として使うことは避けた方がいいです。また、経営の根幹に当たるような重要事業について、今後の戦略の根拠を得るようなケースでは、これだけでは不十分です。一つ一つの感想文を分析し、精緻な情報を得ることが必要になるでしょう。

しかし、情報の分析から大まかな傾向を得たいときや、社内でのアピールなどに使う参考指標の一つとしては活用できます。少なくとも、感想文を文章のまま漠然と傾向を把握するよりは、はるかに有用で時短につながります。

プロンプト

25 感想の数値化に関する質問

顧客の感想について数値化したい。
数値化できる項目を10個ほど提示してください。
例えば、感動度:10段階評価
などです。

顧客の感想やフィードバックを数値化するための項目の提案を以下に示します。これらの項目を調整して、あなたの業種や目的に合わせてカスタマイズすることができます。

1.満足度: 10段階評価（1 = 非常に不満、10 = 非常に満足）
2.購入意向: 10段階評価（1 = 購入する気が全くない、10 = 絶対に購入したい）
3.利便性: 10段階評価（1 = 非常に不便、10 = 非常に便利）
4.価格の適正性: 10段階評価（1 = 高すぎる、10 = 適正価格）
5.サービス品質: 10段階評価（1 = 非常に悪い、10 = 非常に良い）
6.再購入意向: 10段階評価（1 = 二度と購入しない、10 = 絶対に再購入する）
7.推奨意向: 10段階評価（1 = 誰にもお薦めしない、10 = 積極的に友人や家族にお薦めしたい）
8.商品の品質: 10段階評価（1 = 非常に悪い、10 = 最高の品質）
9.情報の明瞭性: 10段階評価（1 = 非常に分かりにくい、10 = 非常に明瞭）
10.対応スピード: 10段階評価（1 = 非常に遅い、10 = 非常に速い）

これらの評価項目は、顧客がサービスや製品に対してどのように感じているかを具体的に示すためのものです。それぞれの評価項目は、特定の業種や状況に応じて微調整や変更を加えることができます。

それでは、下記の感想文を読み込んで、上記で出した項目についてそれぞれ10点満点で評価してみてください。

===

「この新しい香りは本当に斬新で、前に飲んだことがないような爽快さがある！」

「パッケージデザインがとてもおしゃれで、友人たちとの飲み会のときに持ってくると注目されそう。」

「アルコール度数が低めで、軽く飲むのにちょうどいい。飲みやすくて好き！」

（以下略）


感想文を読み取り、10点満点で評価すると以下のようになります：

1.満足度：7/10
・新しい香りやデザインには満足しているようですが、価格や味、後味については一部不満がある。
2.購入意向：6/10
・価格や以前の製品との比較、後味についてのコメントから、再購入するかは不明確。
3.利便性：未評価
・感想文には利便性に関する言及がありません。
4.価格の適正性：5/10
・「ちょっと価格が高めだと感じた。」のコメントから、価格に関しては中程度の評価。
5.サービス品質：未評価
・サービスに関する具体的な感想が含まれていません。
6.再購入意向：6/10
・「以前の製品の方が好きだった。」というコメントから、再購入するかは不明確。
7.推奨意向：7/10
・パッケージデザインがおしゃれで注目されそうとのコメントがあるので、友人などには推奨する可能性が高い。
8.商品の品質：7/10
・新しい香りや軽い感じには満足しているが、味や後味に **（以下略）**

目標が達成できなかったときは問題の再設定を提案させる

「行動と実現力」を強化

目標達成につながる問題を再設定するプロンプト

ここまで解説してきた手順で問題を設定し、解決に向けて適切な手順を踏んできたとしましょう。しかし、知識と洞察力から行動と実現力のフェーズに入ると、当初設定していた問題が解決したのに、目的を達成できないこともよくあります。その場合は、改めて**問題を設定し直す必要**があります。

どれだけ適切な手順を踏んだとしても、目的達成とは関係ない問題を設定してしまうリスクを完璧にゼロにすることはできません。

最もやってはいけないことは、最初の問題設定が正しかったと固執し続け、根本から見直そうとしないことです。あらゆるケースにおいて、**問題が解決したのに、目的が達成できなかったということは、問題設定が間違っていた**と言い切れます。

経営者や、事業を率いるリーダーの場合は、社員やメンバーの手前、最初に設定したロードマップを見直すことに「恥ずかしい」「申し訳ない」と思う人もいるかもしれません。目的を達成するための方程式を疑うことは、恥ずかしいことではありません。別の問題を発見し、むしろより大きな問題に気づけたり、いち早く目的を達成するために必要なプロセスだったりするかもしれません。

このときもＣｈａｔＧＰＴを活用します。

問題設定から、マイルストーンに落とし込むまでのやり方を示した１５９ページの「プロンプト21」でうまくいかなかったときを想定し、具体的な質問の仕方を紹介しているのが１８０ページの「プロンプト26」です。「ＩＴソリューションサービスの新規顧客開拓」のような事業内容、現状や目標となる数値などを入れ替えていたとしても、質問の仕方は同じです。

ちなみに、「プロンプト26」の回答はかなり有効でした。ぜひ試して欲しいと思います。

私はよく、**「既存クライアントの成功事例の分析」が何より大切**と説明しています。ＣｈａｔＧＰＴが示してくれた「ターゲット顧客の不明確さ」とまさに同じことです。成功事例の理由を言語化、ビジュアル化できていれば、他の事例に応用すれば成功率が高まるのは自明です。

プロンプト 26

問題の再設定に関する質問

私たちはITソリューションサービスの新規顧客開拓を行っています。
現在の状況は次の通りです。
===
期限:2024年3月31日 目標数値:新規契約獲得数1000件
現在:2023年11月1日 現状数値:新規契約獲得数700件
===
これまでに、新規契約獲得数を上げるために、新規アポイント数をKPIとして問題として掲げ取り組んできました。
が、根本的な解決につながっていないように感じます。
この問題の根本的な問題は何だと考えられますか? 優先順位の高い上位5つを挙げてください。

新規顧客開拓の課題に関して、以下の5つの要因が根本的な問題として考えられます。これらの要因は、新規アポイント数をKPIとして設定しても、新規契約獲得数が目標に達しない理由として挙げられる可能性があります。

1.価値提案の不明確さ:
・顧客があなたのITソリューションサービスを選択するメリットや差別化点が明確でない場合、契約に至る確率は低くなります。顧客が自社の課題を解決するための明確な価値を感じられないと、契約を結ぶ動機が生まれにくいです。

2.営業プロセスの最適化の不足:
・アポイントメントは取れても、その後の営業プロセス(提案、フォローアップ、クロージング等)が最適化されていないと、契約獲得までのコンバージョン率が低くなります。

3.ターゲット顧客の不明確さ:
・どのような企業や業界、役職の人々をターゲットとしているのかが明確でない場合、効果的なアプローチや提案が難しくなります。また、ターゲットとする顧客層が実際のニーズと合致していない場合も、契約獲得が難しくなります。 **(以下略)**

行動量必達のためのプロンプト集

行動と実現力では、行動量の必達が欠かせないという話も50ページで解説しました。どうしても時間が足りず、必達できないときはどうしたらよいのでしょうか。考えられる解決策が2つあります。

- **付加価値をつくる仕事以外の時間を最短化する**
- **付加価値をつくる仕事の量（と質）を高める**

まず、「付加価値をつくる仕事以外の時間の最短化」についてです。付加価値をつくる仕事以外にも、書類の作成や雑務、社内外のやり取りなど、多くの仕事を抱えているはずです。このような仕事にかける時間をできるだけ減らすことで、「行動量必達」のために使える時間を増やすことが大切です。

この章の冒頭で、「時間の約束を守る」という観点でも解説しましたが、これも同様です。一般常識の勉強や、資料作成などの単純作業は、まずChatGPTを活用することで、どんどん時短していきましょう。

他にも、あらゆるタスクを時短でクリアしていくため、営業や依頼文なども含め、ChatGPT

を活用できる可能性は無限にあります。第３章で紹介したものとは別に、個別のケースで役立ちそうなプロンプトの例を紹介します。ＣｈａｔＧＰＴの回答は割愛しますが、「○○」「△△」や固有名詞などを具体的な内容に置き換えて、ぜひ試してみてください。

タスクをクリアしていくプロンプト

■プロンプト27
今から、年次業績報告の資料を作ります。
・報告期間：20XX年1月―12月
・業績の目的：達成状況の分析と改善点の洗い出し
年次業績報告資料の構成を提案してください。

■プロンプト28
今から、営業戦略のレビュー会議の資料を作ります。
・評価期間：○○
・資料の目的：戦略の有効性検証と必要な修正の議論
営業戦略のレビュー会議の資料の構成を提案してください。

■プロンプト29

今から、製品のQ&Aセクションをウェブサイトに追加します。
・製品名：○○
・Q&Aの目的：顧客の疑問解消とサポート業務の軽減
製品のQ&Aセクションの構成と、具体的なQ&Aの内容を提案してください。

■プロンプト30

私たちは○○というサービスを提供しています。このサービスを、今までターゲットとしていなかった△△業界に拡大したいと考えています。
△△業界への市場拡大のための戦略を提案してみてください。

■プロンプト31

今から、弊社の新製品○○のプレスリリースを作ります。
・新製品の特徴：○○
・リリースの目的：製品認知度の向上
このプレスリリースの内容を提案してください。

「付加価値をつくる仕事」で迷う時間をできるだけ削る

１８１ページで紹介したうちの２つ目「付加価値をつくる仕事の量（と質）を高める」は、付加価値をつくる仕事の中にも、時短で終えるべき作業があるということです。

特にもったいないのが、迷っている時間です。例えば、営業で目的を達成するため「１００社へのアポイント」が必達すべき行動量だったとしましょう。

新規の顧客へのアポイントの場合、多くはまず電話でのアプローチでしょう。電話で何を伝えるべきか。これに迷い、電話をかけるまでに長い時間を要してしまっているケースは非常に多く見受けられます。ＣｈａｔＧＰＴを使えば、一瞬でトークプランが出来上がります。

ただし、他の単純作業と違い、ただ時短で終わらせればいいわけではありません。数を撃つことも大切ですが、質を高くし、アポイントを成功させ実際に会い、信用を得て、２回目のアポイントを約束し、企画を提案する……と、その先につなげなければなりません。

セールストークには「型」があります。ＣｈａｔＧＰＴに型を理解させたうえで、電話での使えるトーク術に落とし込んだのが「プロンプト32」（１８６ページ）です。

型の具体的な内容については、「プロンプト32」でＣｈａｔＧＰＴに質問している内容を見てください。「ターゲットとなるお客様の特長」など、「〝〟」内のテキストを文章化することで、自分で作り上げることもできます。

ですが、このままＣｈａｔＧＰＴに質問しても、「ＩＴソリューション」「業務効率化」など入力した内容から類推して、内容を埋めてトークを構成してくれます。業務内容をより具体的に打ち込めば、それに即した内容が出てくる可能性が高まります。

イチからトーク内容を考えるよりは「型」に当てはめる方が早いです。さらにＣｈａｔＧＰＴに一度内容のたたき台を作ってもらえば、自分で考えるヒントが出てきたりして、より時短になるかもしれません。このような形で、「迷う時間」をどんどん減らしていきましょう。

分からないことがあったときは、まずＣｈａｔＧＰＴに聞くと説明してきました。迷ったときも同様です。**すぐＣｈａｔＧＰＴに質問する習慣を身に付けましょう。**

プロンプト 32
電話のセールストークに関する質問

弊社は、ITソリューションで、業務効率化を企業に対して提供している企業です。
アポイントを取るためのTELトークスクリプトを下記のフォーマットを参考に作ってください。

====フォーマット====
私どもは、"ターゲットとなるお客様の特長"に対して、
"差別化された利点"を提供しています。
通常他社では、
"一般的にお客様が満足していない他社の特長"なのですが、
私たちは"差別化された特長"があるため、
"差別化された利点"にご満足いただいています。
いかがでしょうか?
=======

了解しました。以下のスクリプトでいかがでしょうか。

====TELトークスクリプト====
私どもは、業務プロセスが複雑で、効率化の課題を抱える企業様に対して、
最先端のITソリューションで手間と時間を大幅に削減する利点を提供しています。
通常他社では、一過性のソリューションや煩雑なセットアップが必要となるのですが、
私たちは簡単な導入からカスタマイズまでをサポートする差別化された特長があるため、
迅速な業務改善と持続的な効率化にご満足いただいています。
いかがでしょうか？
=======

（以下略）

第7章

アイデアや企画を無限に生むChatGPT無双術（後編）

ChatGPTをコーチ役にして強みと課題を掘り下げていく

第6章では、本書の肝である「しごでき社員」になるための3要素を最速で満たすために欠かせない重要プロンプトを紹介してきました。これ以外に、第2章で紹介した「プロフェッショナルの前提条件」に基づいて仕事をするために役立つプロンプトもあります。

まず、キーエンス流の働き方である「プロフェッショナルの前提条件」についておさらいしましょう。

プロフェッショナルの前提条件

① 高い業績を上げる強い意欲と情熱を持っているか

② 自分の強みと課題を理解しているか

このうち、自分の強みと課題を理解するために、ＣｈａｔＧＰＴがかなり優秀です。この方法についても紹介したいと思います。

自己分析には多くの手法がありますが、有効な手段の一つに「コーチング」があります。キャリアカウンセラーなどに自分のコーチ役になってもらい、コーチの質問に対して順に回答していく手法です。あらゆる角度からの質問に答えることで、自分でも気づいていなかった強みや弱みを引き出してもらうことができます。

ChatGPTは、このコーチ役を担うことができます。具体的なやり方を示しているのが、「プロンプト33」（１９１ページ）です。

ＣｈａｔＧＰＴは目的と一緒に「コーチングしてくれませんか？」と質問するだけで、強みと弱みを探るための質問を複数提示します。「プロンプト33」を見てもらうと分かるように、ＣｈａｔＧＰＴが優秀なのは「あなたが楽しく、エネルギーを感じる活動は何ですか？」など、こちらが回答しやすい形の質問を提示するところです。「自分の強みだと思うところを３つ挙げてください」などと質問されても、困ってしまいます。

さらなるポイントが、自分が答えていきやすいよう、一問一答で進められることです。「プロンプト33」の例では、ＣｈａｔＧＰＴは強みと課題を掘り下げるために、まずはそれぞれ３つずつ質問を用意しました。これを一度に回答するのは面倒です。プロンプトが長くなってしまうので、

ＣｈａｔＧＰＴにこちらの回答を正確にくみ取らせることができなくなる可能性も高まってしまいます。

そこで、次に「一つずつ聞いてくれますか？」と質問しています。この簡単な内容を入力するだけで、ＣｈａｔＧＰＴに一問一答で、順に質問させることができます。

すべての質問に回答した後は、自分がお願いしなくても、ＣｈａｔＧＰＴは自動で強みと課題についてまとめていました。**理由とともに箇条書きで提示してくれ、非常に分かりやすい**です。

しかも、課題については解決するための手法も提案しました。「プロンプト33」の例では自分の強み、課題を提示させるところまでを紹介しましたが、さらに「具体的に、課題を克服するための方法を10個教えてください」などと質問してみてください。さらに掘り下げた回答が得られるはずです。

また、「こんな私へのベストトレーニングプランを出してください」という質問も試してみてください。課題を解消するために何をすべきか、効果的な方法を提案させることができます。

プロンプト

33 自分の強み、課題を知る質問

今から自分の強みと課題を明確にしたい。コーチングしてくれませんか？

もちろん、それはとても良いアイデアです。自分自身の強みと課題を理解することは、個人の成長と成功にとって重要です。それでは、まず強みについて探ってみましょう。

1.自分が何に自信を持っているか、何を得意としているかを教えてください。
2.他人からあなたについて何をよく言われますか？ これは間接的な強みを示す可能性があります。
3.あなたが楽しく、エネルギーを感じる活動は何ですか？ あなたの強みはしばしばあなたが情熱を持って取り組むことに関連しています。

それから、課題についても同様に考えてみましょう。

1.あなたが苦手だと感じることや、改善したいと思っているスキルや特性は何ですか？
2.達成したいけれども困難を感じている目標は何ですか？
3.あなたを挫折感に陥らせる、またはストレスを感じさせる状況は何ですか？

（以下略）

一つずつ聞いてくれますか？

もちろんです、一つずつ見ていきましょう。まずは、あなたが自信を持っていること、何を得意としているかについて教えてください。

単純作業を素早く終わらせることは得意です。

それは素晴らしい能力です。単純な作業を迅速に終わらせる能力は、効率性とタスク管理の強みを示しています。この強みは、多くの仕事場や状況で重要な価値を持つ可能性があります。
次に、他の人からあなたについて何をよく言われますか？ 例えば、友人や同僚、上司からのフィードバックなどです。

真面目だと言われます。

真面目さは非常に価値のある特性です。これは、あなたが任務に対して誠実で、責任感があり、細心の注意を払って取り組むことを示しています。これらはあなたが信頼できる人物であることを示し、他の人があなたに対して持つ尊敬と信頼を増大させます。
最後に、あなたが楽しく、エネルギーを感じる活動は何ですか？

営業で商品を売り込むときです。

営業における商品の売り込みを楽しむというのは、あなたがコミュニケーションや人間関係の構築、説得力などに長けている可能性を示しています。また、エネルギーを感じるという点からは、あなたが達成感を追求するタイプであり、ゴールに向かって働くことに喜びを感じることも示唆されます。

これらの情報を基に、あなたの強みは以下のようにまとめられます:
1.効率性とタスク管理: 単純作業を素早く終わらせることが得意
2.誠実さと責任感: 真面目で、仕事に対する取り組みが一貫している

3.コミュニケーションと人間関係の構築: 営業で商品を売り込むことを楽しむ
4.達成感とゴール指向: 商品を売ることでエネルギーを感じる

次に、あなたが苦手だと感じることや、改善したいと思っているスキルや特性について教えてください。

斬新な発想力には欠けると思います。

あなたが斬新な発想力に欠けていると感じるということは、あなたが革新性や創造性により力を入れたいと思っていることを示しています。それは大切な自己認識です。多くの人が革新的なアイデアを思い付くことが難しいと感じていますが、創造性は訓練と練習によって育てることができます。
次に、達成したいけれども困難を感じている目標は何ですか？

上司に何かを提案したときに「分析が足りない」とよく言われます。

「分析が足りない」というフィードバックは、問題解決や意思決定に対するあなたのアプローチに改善の余地があることを示しているかもしれません。特に、データ駆動の意思決定、詳細な調査、そして論理的な推論が求められるかもしれません。
それでは最後に、あなたを挫折感に陥らせる、またはストレスを感じさせる状況は何ですか？

上司への提案がなかなか通らないときです。

提案が上司に受け入れられないときに挫折感やストレスを感じるのは理解できます。これは、あなたが自分のアイデアや提案に価値を見いだし、それが採用されることを望んでいるからです。また、これは先ほどの「分析が足りない」というフィードバックとも関連しているかもしれません。

これらを考慮に入れると、あなたが改善したいと思っている課題は以下のようにまとめられます:
1. 斬新な発想力の欠如: 新しいアイデアや視点を思いつくのが難しい。
2. 分析能力: 上司から「分析が足りない」とのフィードバックを受け取っている。
3. 提案の説得力: 上司への提案がなかなか通らない。

これらの課題を解決するために、具体的なスキルを磨いたり、新しい手法を試したりすることが有益かもしれません。例えば、創造性を高めるためのワークショップに参加する、または分析力を強化するための研修を受けるなどです。そして、上司への提案が通りやすくなるように、明確で説得力のあるコミュニケーションを行う方法を学ぶことも重要かもしれません。
あなたが自己認識を深め、強みを最大限に活用し、課題を克服するために必要なステップを踏み出すことを、私は全力でサポートします。

自社の強みと課題もコーチング

営業などで他社と競合するシーンがあったりする人は、「自分」だけでなく「自社」の強みと課題をコーチングしてもらい、把握しておくのも有効です。商談やセールストークで役立ちます。

196ページの「プロンプト34」を参考として示します。このケースでは、5項目に分けて自社の強み、課題を探る方法を提案させることができました。コーチングの対象が人から会社になったため具体的な数字や、顧客からのフィードバックなど、実績ベースでの質問が多くなっています。質問の数は自分のコーチングをしてもらうときより増えましたが、実績なので回答はしやすいでしょう。

なお、「プロンプト34」はコーチングの進め方の例として、冒頭から途中までのやり取りを示しています。最後まで答えきれば、強みと課題を網羅的に明確化できます。

プロンプト

34 自社の強み、課題を知る質問

自分の所属する会社の強みと課題を明確化したい。コーチングしてくれますか？

自社の概要は以下です。
===
業種:食品製造業
年商:50億円規模
ターゲット市場:日本国内
従業員数:約200人

もちろん、お手伝いさせていただきます。まず、自社の強みと課題を明確化するために、いくつかの観点から質問をしていきます。

1. 自社の商品・サービスの特徴
・他の食品製造業者と比較して、自社の商品にはどのような独自の特徴や強みがありますか？
・顧客からの評価やフィードバックにはどのようなものが多いですか？
2. 組織・人材
・従業員の平均勤続年数や、研修制度、社内のコミュニケーションの状況はどうですか？
・社員のスキルや知識、専門性には何か特徴的なものはありますか？
3. 市場・競合状況
・競合他社と比較して、どのようなポジションにいますか？
・最近の市場の変動やトレンドに対して、どのような対応をしていますか？
4. 経営戦略・方針
・中長期的な経営のビジョンや戦略はありますか？
・新商品の開発や、新しい市場への進出など、今後の展開についての方針はありますか？
5. 技術・研究開発
・独自の技術や特許、製造方法など、他社と差別化できる要素はありますか？
・研究開発に注力している部分や、これからの技術的な取り組みは何か計画されていますか？

上記の質問を基に、強みや課題を洗い出していくと、より明確な方向性を持つことができるかと思います。お答えいただけるところから、お伺いしていきますね。

一つずつ聞いてくれますか？

もちろん、それでは一つずつ質問させていただきます。
1. 自社の商品・サービスの特徴
まず最初に、他の食品製造業者と比較して、自社の商品にはどのような独自の特徴や強みがありますか？

国内産の原材料しか使っていません。

了解しました。国内産の原材料のみを使用することは、品質や安全性を保つ上で非常に大きな強みと言えます。

続いて、顧客からの評価やフィードバックにはどのようなものが多いですか？ 例えば、味や品質、価格、パッケージデザインなど、特に評価される点や改善を求められる点などがあれば教えてください。

素材の味を生かしていると言われます。一方で、価格は少し割高と言われたりもします。

ありがとうございます。

強み:
1.国内産の原材料のみを使用し、安全性と品質を確保。
2.素材の味を最大限に生かした製品づくり。
課題:
1.価格が割高とのフィードバック。
素材の味を生かす製品づくりは、品質や食の安全性にこだわる日本市場での大きな強みと言えます。一方、価格が割高とのフィードバックは、価格設定やコスト削減の観点から見直す余地があるかもしれません。

次に、**組織・人材**の観点から質問させていただきます。
従業員の平均勤続年数や、研修制度、社内のコミュニケーションの状況はどうですか？

平均勤続年数は約12年、研修は充実していますが、テレワークの影響でコミュニケーションは難しさも増しています。

ありがとうございます。

強み:
1.従業員の高い平均勤続年数：約12年。これは組織の安定性や社員のモチベーション、経験の蓄積を示すポイントといえます。
2.充実した研修制度：新しい従業員の成長やスキルの継承が期待できる。

課題:
1.テレワーク導入によるコミュニケーションの難しさ：新しいコミュニケーション手法やツールの導入、在宅勤務とオフィス勤務のバランスの見直し等、さまざまな取り組みを考慮する必要があります。

次に、**市場・競合状況**の観点から質問します。
現在、競合他社と比較して、自社はどのようなポジションにいますか？ また、最近の市場の変動やトレンドに対して、どのような対応をしていますか？

ポジションは把握できていません。健康志向の商品開発を推進しています。

了解しました。

強み:
健康志向の商品開発：現代の消費者は健康に対する意識が高まっており、この方向性は市場のニーズに応える形となっています。

課題:
競合他社とのポジションが明確でない：市場分析や競合分析を行い、自社の位置づけや強み、課題をより明確にすることが必要です。

続いて、**経営戦略・方針**の観点から質問させていただきます。
中長期的な経営のビジョンや戦略は設定されていますか？ また、新商品の開発や新しい市場への進出など、今後の展開についての方針はありますか？

(以下略)

AIにない「五感」を磨くべし。浮いた時間は感動体験に当てる

ここまで、「しごでき社員」になるための3要素や、プロフェッショナルの前提条件を満たす仕事術を誰でも、最速で遂行するためのＣｈａｔＧＰＴ活用術を解説してきました。まずＣｈａｔＧＰＴに質問する。壁に直面したときは、またＣｈａｔＧＰＴに聞く。これを繰り返すことで、自然と成果が上げられるようになります。ぜひ、取り入れてください。

しかも、これまでは長時間かかっていた作業がパッと終わるようになります。成果は以前より上がっているのに、仕事をする時間は短くなる可能性すらあります。浮いた時間は休むも良し、さらなる付加価値を生むための仕事をするのも良しです。

お勧めしたいのは、五感を通じて感動を体験する時間に使うことです。音楽のライブに行く、美術展で絵画を鑑賞する、旅行をする、登山する……。何でもありです。

なぜなら、ＡＩは知識として五感というものを分かっていますが、まだ人間が感じるのと同じ

ようには理解していません。**お客様に提供する付加価値は、五感を通した「感動」こそが重要になります。**ＡＩには代替されず、人間だから提供できる付加価値として当面残っていくはずです。これを提供できる人になるためには、まず自分が感動体験をし、インスピレーションを得ることが原点になります。

もし普段は仕事人間で、家事はパートナーに任せっぱなし――というケースであれば、パートナーの手伝いが付加価値の創造につながる可能性もあります。「この作業、意外と大変だな」「パートナーは○○に困っていたのか」などといった発見から、潜在的なニーズが見つかることがあるはずです。パートナーだけではありません。もし身近な人が、自分の仕事のターゲット層に合致していたとしたら、その人の生活を知ることが付加価値をつくるためのヒントに直結するのは自明です。

ＡＩは日常生活からインスピレーションを得ることはできません。仕事以外にも、様々な経験を付加価値の創造に役立ててください。

「凡人」でも下克上できる。人×ＡＩで天才化を目指せる

ＣｈａｔＧＰＴを活用して、ＡＩ時代に最大限活躍するための仕事術を紹介してきました。結論としては「人×ＡＩ」により、これまでの時代は知識や経験が不足しているために、十人並みの結果しか出せなかった人、大げさに言うと周囲から**「凡人」と思われてしまっていた人も、ＡＩを味方に付けることで「天才化」できる**ということに尽きます。

そして、ＡＩに知識や経験の不足を補ってもらうだけでは不十分です。それでは結局、「あなたの仕事（知識の活用）は、ＡＩでもできるよね」と言われてしまいます。「人×ＡＩ」に、ここまで紹介してきた付加価値創造を掛け合わせることで、新たな仕事を次々と生み出す人になっていくことができます。**価値とは何かを理解して、提供する仕事ができる人がトップビジネスパーソンになっていけます。**

ＡＩに仕事を代替されるなどということはなく、むしろＡＩの力を借りて考えれば考えるほど、

やるべきことが思い浮かびます。それを社内や顧客に提案することで、次々と仕事が舞い込んでくるはずです。

ＣｈａｔＧＰＴは、テキストを通して会話をするようにやり取りができるＵＩ（ユーザーインターフェース）を備えた、サービス名称です。なぜ、様々な質問に対して回答できるかというと、インターネット上に存在する大量のテキストデータを学習することで、人間が生成するような自然なテキストを生成できる大規模言語モデル「ＧＰＴ」が裏で働いているからです。

ＧＰＴのような大規模言語モデルは、人類が積み重ねてきた言葉の集積です。ＡＩモデルの規模を示すパラメーター数（データの学習量）も向上を続け、現在のＧＰＴ－４の段階でさえ本当にすさまじいレベルに達しています。今後も加速度的に進化していくでしょう。

そんな時代に、ＡＩを使いこなせる人、そうでない人の差がみるみる広がっていくのは明白なことです。

企業で、社員の多くがＡＩを使いこなすようになれば、組織のあり方も大きく変わります。**早ければ1年後にも、AI時代に取り残される企業と、AIにより進化した企業の明暗がはっきりと分かれる**はずです。

経営者なら実感していると思いますが、組織において一番難しいのは、社員が生み出す成果の質をコントロールすることです。一定以上の水準を保つためには、ツールで補助するか教育するしかありません。しかし、どちらを用意するにも膨大な時間と労力が必要です。ＣｈａｔＧＰＴを使えば、教育に必要な資料をあっという間に作ることができるようになります。そもそも、経営者からアプローチする必要もなくなっていきます。**社員全員がＣｈａｔＧＰＴを使いこなしていれば、分からないことを自力で学び、一瞬で解決していける**のですから。

歴史に学べば、自動車の登場で馬車の乗り手は職を追われました。しかし、代わりにガソリンスタンドや車用品の製造・販売などの業務が誕生しました。また、車の登場で流通が活性化してスーパーマーケットが増えたことで、新たな雇用が生まれました。

これからの時代も同じです。「人×ＡＩ」の時代になることで、確かに単純作業のように淘汰されていく仕事はあるでしょう。一方で、付加価値創造性のある仕事に費やせる時間が増え、それがトップビジネスパーソンの仕事になっていくはずです。

Point

●トップビジネスパーソンはむしろ仕事が増える

●ＣｈａｔＧＰＴ活用の有無が企業の明暗を分ける

アイデアを無限に出させる表計算ソフト連係テクニック

ここまでは、ChatGPTのサービスをブラウザで使うことを想定して解説をしてきました。一方、ソフトウエアなどに新たな機能を追加する「アドオン」を活用すると、ChatGPTはエクセルや、「Google スプレッドシート」などの表計算ソフトと連係させて使うこともできます。

仕事にChatGPTを役立てるうえでは、基本的には、ブラウザなどで使うだけでも有効だとは思います。ただ、単語だけを入れ替えて似たような質問をたくさんしたいときに、一度に回答を引き出せたり、関数などを入力したシートを作っておいて、同じような質問をしたいときに使い回せたりと、表計算ソフトをChatGPTと連係させるメリットもあります。これについても触れておきたいと思います。

ここでは、ブラウザ上で使える表計算ソフト「Google スプレッドシート」を使い、テク

プロンプト
35 キャッチコピーを聞く質問

年商10億円の企業の経営者の、人材育成についての悩みに刺さるキャッチコピーを20文字以内で、10個考えてください。

了解しました。以下が10億円企業の経営者の人材育成に関するキャッチコピーの提案です：

1. 人材こそ真の資産
2. 成功企業、育てる人材
3. 才能を磨く、未来を開く
4. 一人一人の可能性を信じる
5. 成長のDNA、人材の力
6. 未来のリーダー、今ここから

（以下略）

ニックを紹介します。なお、Googleスプレッドシートと ChatGPTを連係させるには、アドオンである「GPT for Sheets and Docs」をインストールする必要があります。方法は、章末（210ページ）の手順を参考にしてください。

例として、**「キャッチコピーのアイデアをChatGPTに提案してもらう」**というテクニックを紹介します。仮に、「年商10億円の企業の経営者の、人材育成についての悩みに刺さるキャッチコピーを20文字以内で考えてください」という内容にしましょう。

まず、これまでと同じように、ブラウザ上でChatGPTに対して10個のアイデアを出すようお願いすると、上の「プロンプト35」のような回答が得られました。

	A	B	C
1	年商	10億円	
2	ターゲット	経営者	
3	目的	人材育成	
4			
5		ベースのキャッチコピー	ChatGPTの提案
6		明日を、信じよう	未来を育む、経営者の育成
7		あなたと一緒に、今日も一歩先へ	「成長の舵手となる」
8		未来は、輝く	輝く未来を共に創ろう
9		夢を、追い続けます	「夢追い育成、10億経営」
10		飛べ、心の翼で	「翼広げ、人材羽ばたけ！」

関数を使い、以下の内容を入力

=GPT（B6&"という表現をベースにして、年商"&B1&"の企業の"&B2&"の"&B3&"についての悩みに刺さるキャッチコピーを20文字以内で考えてください。）

さらに、**世の中にある様々なキャッチコピーの表現をChatGPTに読み込ませ、それらをベースに提案してもらうと、さらに質の高いアイデアを出してくれる可能性を高められます。**しかし、ベースにしたいキャッチコピーが10個あったときに、「『〇〇（キャッチコピー）』という表現をベースにして……」などと、それぞれ10回に分けて質問するのはかなり手間です。「以下の表現をベースにして10個出してください」などと、箇条書きにして一度に質問してしまう方法もありますが、プロンプトが長くなって面倒です。

そんなときに使えるのが、Google スプレッドシートとの連係です。

上の表の「ChatGPTの提案」以下の「C6」から「C10」に、様々なキャッチコピーの表現をベースにしたChatGPTの提案がずらりと並びました。

難しいテクニックを使っているわけではありません。

まず、Ｂ１に年商（10億円）、Ｂ２にターゲット（経営者）、Ｂ３に目的（人材育成）などの条件を入れ、Ｂ６以降に表現のベースにするキャッチコピー（「明日を、信じよう」など）を入力しておきます。セルの場所はどこでもかまいません。

そして回答を表示してほしいところ（２０７ページの表では「Ｃ６」）に関数を使って、

「=GPT(B6&"という表現をベースにして、年商"&B1&"の企業の"&B2&"の"&B3&"についての悩みに刺さるキャッチコピーを20文字以内で考えてください。")」

と入力するだけで、２０７ページのようにアイデアを出してくれます。なお、「＝ＧＰＴ」が、ＣｈａｔＧＰＴの回答をセルに表示させるための関数です。特定のセル（Ｂ６、Ｂ１、Ｂ２、Ｂ３）の内容を基に、20文字以内のキャッチコピーを生成するようＣｈａｔＧＰＴに質問を投げています。

このテクニックのメリットは、様々な表現をベースにしたキャッチコピーをすぐに出してくれるだけではありません。一度シートを作っておけば、年商を「10億円」から「20億円」に替えたり、ターゲットを「経営者」から「管理職」に替えたりしても、該当するセルを書き換えれば、その都度すぐにChatGPTに回答させられることです。いちいちプロンプトを作って入力する手間を省くこともできるのです。

ChatGPTの回答をより狙いに近づけるために、参照させるセルを増やすことも簡単にできます。例えば、207ページの表のケースでは、「B4」のセルに「飲食チェーン」と入れておきます。そして、「C6」に入力する関数を「~年商"&B1&"の企業の~」から「~年商"&B1&"の**"&B4&"**の企業の~」と書き換えるだけで完了です。自分が使いやすいよう、どんどんカスタマイズしてほしいと思います。

もちろん、数式を書き換えればキャッチコピーだけではなく、**商品名や企画案のタイトル、セールストークの構成など、様々な目的に応用できます。**

■GoogleスプレッドシートとChatGPTを連係させる方法

①Googleスプレッドシートを開き、上のメニューの「拡張機能」をクリックする
②「アドオン」を選び、「アドオンを取得」から「GPT for Sheets and Docs」を検索し、インストール
（2023年9月中旬時点では「ChatGPT」と検索すると出てくる）
③アカウントを選択し「許可」をクリック
④Googleスプレッドシートの画面に戻り、「拡張機能」→「GPT for Sheets and Docs」→「Set API Key」の順に進み、自分のAPI Keyを入力すれば完了
（「API Key」の取得はOpenAIサイトのマイページ（右上に表示される「Personal」→「View API Keys」→「Create new secret key」と進めば可能））

※API Keyは漏えいしないよう、厳重に管理する。また、2023年9月中旬時点で、無料で使える回数には限度があり、超えると料金が発生する

第8章

圧倒的な付加価値生産性が実現していく未来

すべてに〝コパイロット〟が付く次の時代も目前に迫っている

ＣｈａｔＧＰＴのようなＡＩが登場した時点で、あらゆるビジネスには大きな変革がもたらされました。今後もＡＩの進化は止まりません。現在の最重要テーマは、できるだけ早くＣｈａｔＧＰＴを活用できるようになることです。さらに、**未来に起こり得る変化にも柔軟に対応していき、ＡＩを味方に付け続けていくことも大切**です。

ここからは、未来予測をしたいと思います。「未来」とは言っても、数年後には間違いなく起きていることだと考えています。早ければ、本書が出てから1年以内にこれから解説する未来が到来してもおかしくはありません。

未来は「コパイロット」の時代になります。コパイロットとは「副操縦士」のこと。仕事や生活で利用するありとあらゆるツールに、ユーザー（＝機長）をサポートする、ＡＩのコパイロット（副操縦士）が付くでしょう。個別の具体的な事例の予測は２２１ページ以降でも詳しく掘り下げますが、まずはコパイロットとはどういうものなのかイメージをつかんでもらう意味で、例を挙げます。

例えば、何かの商品を使っていて、不具合が発生したとします。今は説明書を読んだり、商品のウェブサイトを見たりして、商品を使っている顧客自身が解決手段を探さないといけません。今後はその必要がなくなり、不具合が発生した時点で、コパイロットがすぐに「こうすれば解決できます」と能動的に教えてくれるようになるはずです。

既に、人間のオペレーターが音声で対応していたコールセンターに代わって、人工知能がテキストで自動回答するＡＩチャットを用意する企業も増えています。実際に利用したことがある人もいるでしょう。しかし、それらはあくまでこちらの質問（疑問点）に対する回答を提示するだけです。これが、ユーザーの行動を分析して「今、何にお困りですか？」や「〇〇という機能も使うと便利ですよ」などと、ＡＩ側からコミュニケーションをとってくれるようになります。**状況に応じて適切なアドバイスをしてくれるのは、まさにコパイロット（副操縦士）かのごとく**、です。

こうしたコパイロットが登場したら、ユーザーとしてはかなり便利になると思います。一方、まずコールセンターの業務は必要なくなります。ユーザーの使い方に応じてオプションの購入を勧めるなど、アップセルまで自動でできるようになれば、人間が商品を売り込む必要さえなくなるかもしれません。営業や店舗の販売員もピンチです。

業務レベルではコパイロット導入が間近

「Microsoft 365 Copilot」（以下、３６５コパイロット）をご存じでしょうか。Microsoftが２０２３年3月に発表。Microsoft 365製品の「ワード」（Microsoft Word）やエクセル、「パワーポイント」（Microsoft PowerPoint）、チャットサービスの「チームズ」（Microsoft Teams）などに、生成ＡＩによるサポートが搭載されるというものです。

主な例では、ワードなら簡単な指示だけで章の作成、編集、要約を行ってくれる。エクセルでは数式ではなく言葉で質問するだけで、コパイロットがモデルを生成し、相関関係を明らかにするなどのデータ分析が可能に。パワーポイントなら、既存の文書をプレゼン資料の形式に変換する……といったことができるようになると発表されています。

ワードで文章を作る、エクセルでデータを分析するといった作業の際、Microsoft 365製品上でコパイロットが動くようになるので、作業効率が大幅に向上するはずです。また、他にも様々なMicrosoft 365製品にコパイロットが導入されていく見込みです。

なお、現時点でも「アドオン」などを使えば、一部は似たような機能を実装することも可能ではあります。しかし、**コパイロットは今後、標準機能として搭載されます。**誰もが、文章や資料の作成を効率化する未来がやってくるはずです。

社内教育が一気に省力化される

Microsoft 365製品にコパイロットの導入が進むと、日常の業務にも少なからず変化が起きると考えられます。

特に大きな変化となりそうなのが、**社内教育の省力化**です。

パソコンの使い方や文章の書き方のサポート、エクセルを用いた有効な情報分析の方法など、基本的な教養レベルの教育をＡＩに任せられるようになることが予測できます。

ＡＩだけに任せっきりにすることはできないでしょうが、新卒の社員が初めてビジネスメールを送るとき、３６５コパイロットによるサポートを受ければ、ある程度完成度の高い文章が作成できるようになるので、添削する時間は大きく削減できるはずです。その分、教育を担当している上司は自分の仕事に時間を使うことができるようになります。書類の作成などでも同様のことが起こるでしょう。

叱られるかもしれませんが、あえて言うと、私は日本の企業が生産性を落としている理由の一つが新卒一括採用だと考えています。将来、企業に貢献してくれる可能性を信じて採用し、全く仕事ができない状態から手取り足取り教育するのが日本の企業です。それによって、仕事ができる多くの人たちの時間が奪われているのが実情です。

３６５コパイロットが社内教育を省力化させることができるようになれば、根深い課題の解決に役立つ可能性もあると考えています。

Point

- **あらゆるツールにコパイロットが付く**
- **３６５コパイロットで教育の時間が激減**

365コパイロット導入後は結論が出る会議だけになる？

2023年9月中旬時点で365コパイロットの内容は明確化されていませんが、Microsoftのリリースから、ワードやエクセルなど各ツールにどんな機能が導入されるのか、ある程度の見通しは予測することができています。私が注目しているのが、オンライン会議やチャットに活用できるアプリのチームズです。

まず、チームズで会議を行ったとき、365コパイロットが要点をリアルタイムでまとめてくれたり、議論が抜けているテーマを教えてくれたりするようです。もしこれが実装されれば、画期的です。

特に日本人の多くは、会議が苦手です。重要な意思決定の場面など、必ず結論を出さなければいけない会議をするためには第三者であるコーチやファシリテーターが同席していることが理想です。例えば、チームズで会議をしているときに、15分ごとに内容の要約と論点整理をコパイロットにしてもらい、メンバーの意見を集約したとしましょう。**論点を整理しながら、最短距離で意思決定に必要なテーマだけを、抜けや漏れもなく議論していけます。**

「ホワイトボード」（Microsoft Whiteboard）と連係するようなら、コパイロットに会議の進行をホワイトボードで見える化してもらうことで、会議の効率は激変すると思います。また、会議は立場が高い人など、往々にして〝声が大きい〟人の意見が支配的になることがありますが、議論の方向性や抜けや漏れが明確になるので、避けることができます。人間が考えるのではなく、ＡＩが機械的に処理するのである程度の納得感もありますし、**人間同士のような忖度（そんたく）も発生しません。**

社内の会議だけではありません。商談でも、過去にやり取りがあり一定の信頼関係がある顧客なら、さらなる課題解決や業績向上のために議論をするときには、こうしたコパイロットによる要点整理などが十分活用できます。商談で挙がった意見をＡＩにまとめてもらい、一緒に確認しながら潜在的な価値をお客さまと一緒に見つけるのに役立つでしょう。前述の通り、お客さまに納得感も与えられるのではないでしょうか。

会議の無駄は多くの場合、参加者が各自、「何が価値なのか」が分かっていないために発生すると思っています。価値とは、意思決定から起こるアクションによって生み出される成果です。議論や検討など、アクションに至る過程には、実は価値がありません。

会議における価値があるとすれば、いかに最短距離で意思決定に近づけるかという点にあります。会議中にリアルタイムで３６５コパイロットによる適切なアドバイスがもらえれば、最短で意思決定に向かうことができるようになるでしょう。

「チャットまとめ」でチームの状況を把握

同じくチームズでは、チャットの内容を分析して、チームの状況を教えてくれるような機能も想定されているようです。これにも期待しています。

忙しいビジネスパーソンの前には、１日だけでも膨大な数のチャットが流れていきます。「とてもすべて追い切れない」と思っている人もいるのではないでしょうか。ちなみに私の場合は、参加している社内チャットが４、５案件あり、１日だけでも各30くらいの投稿が行われています。自分が直接担当していないものを含めるとそれは膨大な数で、すべてを追うのは困難です。

３６５コパイロットがチーム内でその日１日に起こったことをまとめてくれるような機能ができれば、これは本当に便利になると思います。

単純作業にかける時間がさらに激減する

さらに、繰り返しのタスクを自動化するのに使える「パワーオートメイト」（Microsoft Power Automate）に３６５コパイロットが入ってくれれば、事務作業は大幅に省力化できると思います。例えば、経費精算のメールを受信したら処理して、他部署に渡すといった作業も、一定の傾向があれば、それをベースにＡＩにお願いすることですべて自動化できるかもしれません。社内チャットのメッセージへの対応も同様で、処理に一定の法則性があれば自動化できる可能性があります。他にも、お客さまから何らかの申請書を受け取ったら、それをパソコンに入力する……など、類する作業は多くの人が、複数抱えていると思います。このプロセスがほぼ自動で行われるようになり、自分は目視で最終チェックするだけで済むようになれば、単純作業に使う時間を大幅に削減できます。

Point

●会議の無駄削減にチームズが活躍する可能性がある

日常の業務が激変する？〝コパイロット〟の未来は

導入間近の３６５コパイロットについて解説してきました。ここからは、もう少し先の未来についてです。２０２３年９月中旬時点では、あくまで想像の域です。ただ、ビジネスなどで変革をもたらし続けるだろうコパイロットが、どのように進化していくか。可能性レベルでも理解しておくことは大切です。ＣｈａｔＧＰＴの登場のような変革にいち早く対応でき、より大きな付加価値、成果をすぐに生み出すことにつながります。

まずは、登場すると働き方やビジネスモデルなど、仕事に変革をもたらす可能性があるコパイロットについて、次のページから３つ解説します。

ビジネス編

①「売る」を革新するセールスコパイロット
②「戦略」を革新するマーケティングコパイロット
③「人生」を変革するキャリアコパイロット

一つずつ、具体的に解説していきましょう。

①「売る」を革新するセールスコパイロット

セールスコパイロットは、企業などの「売る」業務を支援するものです。

特に、消費者に対して金額の大きい買い物をしてもらうときや、ＢｔｏＢ（企業間の契約などのやり取り）の場合、売り手が顧客に対して何かを買ってもらう、または大きな契約をしてもらうのは難しいものです。そのときには、

・信頼の獲得　←
・ニーズの喚起　←

・ニーズの深掘り

←

・付加価値を実感してもらうためのプレゼンテーション

←

・お客さまの意思決定を引き出すための反応処理

という段階を経て、お客さまに買ってもらえるという流れがあります。個別の過程についても、例えば「信頼の獲得」のためのトーク術にはフレームワークがあるなど、具体的なノウハウがあり、言語化することが可能です。

一連のプロセスがすべて言語化できるということは、ＡＩに教えて、再現させることが可能ということになります。既に、ＣｈａｔＧＰＴもその都度プロンプトを入力すれば、ある程度のレベルでトーク内容を提案してくれることは、第６章の「プロンプト32」（１８６ページ）で示しました。

もしセールスコパイロットが実現すると、「信頼の獲得」から「お客さまの意思決定を引き出すための反応処理」までの流れをＡＩが考えて、自動で示唆してくれるようになります。その都度、人間が指示を与える必要もなく、セールス業務を完結させていくための副操縦士役をしてくれるのです。単純営業であれば、ＡＩだけで完結することも可能になるでしょう。

そうなると、従来はトップセールスだった人のノウハウがＡＩによって再現されます。トップセールスだった人は**普通のセールスに成り下がってしまいます。**「トークがうまい」「商品知識が豊富」といったことで、ライバルと差別化できなくなるからです。もしかすると、セールスという業務に当たる人自体が求められなくなるかもしれません。

今セールスをしている人は「ライバルに勝てなくなった」と受け取る人がいるかもしれませんが、そうではないと思います。私はむしろ「皆が勝てるようになった」状態と言うのが正しいと考えます。そうなると「売る」という業務はＡＩに任せて、「付加価値の高い商品やサービスを作り出す」業務に使える時間が増えるはずです。セールスという業務で「勝つ」ことはできなくなるかもしれませんが、逆に、他の仕事で価値を創造するチャンスができると考えます。

②「戦略」を革新するマーケティングコパイロット

既に、現状のＣｈａｔＧＰＴでも一定のマーケティング戦略を立て、人間はヒントを得られるようになっています。これが進化して、企業のマーケティング戦略を支援する「マーケティングコパイロット」が実現すれば、企業の事業戦略の幅が飛躍的に拡大するでしょう。セールスコパイロット同様、いちいちプロンプトを入力することなく、その都度企業の置かれた状態を分析し、最適な示唆を与えてくれるでしょう。

私は特に、中小企業のターゲット市場を、国内から世界に広げるという点に期待しています。日本語を一瞬で英訳できるＣｈａｔＧＰＴのように、ＡＩは多言語を扱うのはお手の物です。例えば、多言語に強いＡＩが、世界各国の法律や文化も詳しく理解し、マーケティング戦略を立てられるようになったらどうでしょう。大企業ならいざ知らず、現状、中小企業にとっては人的にも金銭的にもリソースが限られるため、世界展開のための基盤を整えるハードルは極めて高いです。それがマーケティングコパイロットによって解決されるとしたら、**日本国内でしか販売していなかったあらゆる商品が、簡単に世界に展開できるようになります。**

③「人生」を変革するキャリアコパイロット

ＣｈａｔＧＰＴが自分の強みや課題を知る「１対１コーチング」ができることは第７章（１８８ページ）で紹介しましたが、その先に、ＡＩ自らが社員の話を聞き、最適なキャリアプランを提示するキャリアコンサルタントのような働きをする未来も待っていることでしょう。

例えば、**企業が社員一人ひとりのキャリア面談を担ってくれるAIを活用すれば、企業の生産性は上がっていきます。**ここで言う面談は、一定期間中の評価を決めるための上長などによる面談とは異なり、コンサルタントなど専門家による、将来のキャリアや身に付けるべきスキルを幅広く考察するための面談です。

おそらく、こうしたキャリア面談が全社員に面談要請のメールとして送信され、社員がリンクを開くとコパイロットが話し始め、時間や場所を問わずすぐ始まるといった形で実施されるようになるでしょう。人間と話すのと同様、自由な会話形式で、今後のキャリアについての考えや困りごとなどをＡＩにヒアリングしてもらうことができるようになると思います。

また、管理職は社員それぞれの困りごとや望むキャリアなどをスプレッドシートで集約でき、ビッグデータ分析も可能になります。

何十万人も社員を抱えるようなエンタープライズ企業（大企業）なら、絶対に欲しいツールだと思います。多くの大企業は、コンサルタントなどキャリアの専門家による面談は、幹部や管理職層にしか実施していない現状があります。大企業で全社員に面談を受けさせようとしたら、膨大な数の専門家に依頼する必要があり、現実的ではないためです。

「キャリアコパイロット」を使えば、社員の人数に関係なく、全員に面談を実施できるようになるはずです。年に３回など、高い頻度での実施も可能でしょう。

さらに、面談で各社員の「困りごと」を聞くことで、困りごとがない人を可視化できるという効果もあります。困りごとがない人は目的のない人で、仕事の取り組み方を変える必要があります。**目的があれば、達成に向けて解決すべき問題が必ず発生する**からです。「問題だらけです」と答える人こそ、目的を持って取り組んでいると言えます。キャリアコパイロットによって、社内のすべての層で起きていることが把握可能になるのです。

ちなみに、１９１ページの「プロンプト33」（１対１コーチング）では回答するたびに、

ＣｈａｔＧＰＴが「それは素晴らしい能力です」「真面目さは非常に価値のある特性です」などと伝えてくれました。本書を読んでＣｈａｔＧＰＴを使った人なら分かると思いますが、ＡＩは会話の中で「褒める」「励ます」ことが得意です。仏頂面のコンサルタントよりずっと話しやすいはずです。信頼関係の構築においてはＡＩより人間の方に強みがあると解説してきましたが、仕事の悩みや転職の相談など話しにくい内容も含まれる場合、もしかするとＡＩの方が話しやすいというパターンがあるかもしれません。いずれにせよ、面談を通して社員のモチベーションを上げる、といったことも可能になってくると思います。

また、キャリアカウンセラーとして働いている人にとっては、仕事を失いかねない危機的な状況だと感じるかもしれません。しかし、キャリアコパイロットをうまく活用できるキャリアカウンセラーになればいいだけです。例えば、自分だけではできない膨大な人数の面談をＡＩに実施してもらい、ＡＩのフィードバックに自分ならではの観点も交えた示唆を加える、などといったやり方が考えられます。

Point

- **セールスはＡＩだけで完結する可能性がある**
- **中小企業が世界展開しやすくなり得る**

生活を見守り、アシスト？
日常生活も大きく変える

コパイロットは「ビジネス」だけでなく、「ライフスタイル」も変革します。目的次第であり方は変わるかもしれませんが、基本的にはデバイスなどを通して**人の行動を常に分析し、適切なタイミングで、コパイロットの方から有益なアドバイスや示唆をしてくれる**ようになるはずです。

ビジネスシーン以上に、コパイロットが活用される可能性の幅は広いと思います。コパイロットが常にそばにいて、コンシェルジュのように、日常生活の何から何までを支援してくれるようになるかもしれません。

網羅的に解説するのが難しい部分もありますが、例えばどんな場面で、私たちの生活をサポートしてくれるようになるのか。私が考える４つの例を紹介します。

ライフスタイル編
④「買い物」を変革する購買コパイロット
⑤「お出掛け」を変革するトラベルコパイロット
⑥「健康」を変革するヘルスケアコパイロット
⑦「投資」を変革するインベストメントコパイロット

一つずつ、簡単に解説していきましょう。

④「買い物」を変革する購買コパイロット

２２２ページで紹介したセールスコパイロットは、ビジネスパーソンの「売る業務」にとって役立つコパイロットです。これが翻って、お客さまの立場になると「買う行為」を支援する「購買コパイロット」となります。

例えば、使っていたパソコンが壊れ、新しいパソコンが必要になったとしましょう。購買コパイロットがすぐに、希望する価格帯や欲しい機能をヒアリングして、膨大な知識の中から最適な商品を提示してくれます。もしかしたら、自分が考えていなかった潜在的なニーズまで引き出して、想像を上回る商品を教えてくれるかもしれません。いずれにせよ、商品カタログや雑誌を読み込み、自分で比較する手間が省けます。
購入時だけでなく、一度買った商品の利用状況を長く把握し続け、継続的なサポートを受けることも可能でしょう。パソコンなら「あなたの使い方を分析すると、〇〇機能は必ず利用した方がいいです」「××という付属品を購入すると、作業時間を短縮できます」などでしょうか。

⑤「お出掛け」を変革するトラベルコパイロット

購買コパイロットの一種と言えるかもしれませんが、自分の中の潜在ニーズを察知して、旅行先を提案してくれる「トラベルコパイロット」にも期待しています。日本人は「どちらでもいいこと」を決めるのが苦手です。旅行などの出掛け先もその一つでしょう。これらは、ＡＩに決めてもらった方が圧倒的に楽です。

既に、ＣｈａｔＧＰＴもプロンプトに予算や目的などを入力すれば、それに沿った旅先の候補を出せます。ですが今後、特に期待しているのは、インターネット連係や視線の感知などの機能が搭載されたウエアラブルデバイス「スマートグラス」との連動です。無意識のうち、普段から自然と目を奪われている景色や写真があると思います。これを日常的に感知し、旅先の提案と連動できるようになれば、意外な旅先で、想像以上に楽しい思いができるようになるかもしれません。

⑥「健康」を変革するヘルスケアコパイロット

「ヘルスケアコパイロット」は、ウエアラブル機器など複数のデバイスを連携し、定期的に健康状態を確認するものです。既に、デバイスを使った健康状態のデータの取得はできるようになっており、ある程度の示唆を得ることは可能です。しかし、ヘルスケアコパイロットのレベルになると、「最近眠れていませんね。大丈夫ですか？」と心配してくれるなど、ＡＩ側からコミュニケーションを取ってくれるようになります。

　さらに、こちら側から「そうなんだよ。最近、仕事でストレスが多くて……」と答えると、解決のためのアドバイスをしてくれるなど、コミュニケーションも取れるようになります。医師や看護師などの専門家レベルとはいかなくても、ＡＩは少なくとも素人レベルを超えた、一定以上の医学的知識は有しているはずです。ヘルスケアコパイロット実現後の未来は、健康状態を常に心配してくれる**「医学に詳しいおかん」が傍らにいる状態、**とでも言いましょうか。

⑦「投資」を変革するインベストメントコパイロット

　投資先を一緒に考えてくれる「インベストメントコパイロット」も登場するでしょう。これも「ＡＩ側から提案する」というコパイロットの特徴に沿って「今、××企業の株式が買いどき（売りどき）です」など、リアルタイムで教えてくれるようになるでしょう。旅先と違って判断には人間が責任を持たなければいけませんが、有用だと思います。

コパイロットは統合していく

将来は、コパイロット同士が統合し、進化することも十分考えられます。例えば、キャリアコパイロットにヘルスケアコパイロットが統合されたらどうでしょう。15分間の面談中に心拍数や血圧、脳波を測定する機器を装着してもらうことで、企業側にとってはキャリア面談と同時に、社員の定期的な健康状態の把握もできることになります。さらに「嘘発見」ではないですが、面談中の状態の分析が、面談のフィードバックに役立つ可能性もあります。

なおキャリアコパイロットとの連係は、特にコパイロット系のツールを開発する事業者のビジネス視点でいえば、大変重要です。なぜなら、大企業にサービスを提供しているキャリアコパイロットと連係するだけで、一度に数十万人のユーザーを抱えることになるからです。

購買コパイロットとセールスコパイロット、マーケティングコパイロットなどの連係も驚くべき変化を生みます。例えば、「腕時計が欲しい」「洗濯機が欲しい」などと顧客が思ったことを察知した購買コパイロットが、他のコパイロットと連係したらどうでしょう。セールスコパイロットがすぐ、自分の潜在ニーズに合致する最適な商品を提案してくれるかもしれません。マーケティングコパイロットによって世界の中小企業が日本市場に進出してきていれば、今よりはるかに多い選択肢の中から商品を選ぶこともできるはずです。

Point

●アドバイスをくれるコパイロットが傍らにいる時代が来る

高度にパーソナライズ化された新たなサービスが次々生まれる

コパイロットが従来の支援ツールと大きく異なる点は、「総論」ではなく「各論」を埋めることができる点です。

どういうことでしょうか。例えば、セールストークの支援なら、「お客さまの目線に立って、お客さまが喜び、役立つような言葉は何か」というサポートが総論です。これは現在でもあります。一方で、各論は「顧客一人ひとりの状況やニーズを分析したうえで、その顧客だから響く言葉を個別に考えたら、どんな言葉になるか」となります。**最大公約数ではなくケースバイケースで、それぞれに最適な回答や示唆を導き出せる**特徴があります。

従来はセールストークだけでなく、大半の物事において、各論部分を埋めることができたのは人だけでした。ところが、ＡＩの進化によって各論部分の90%以上が埋められるようになります。既にＣｈａｔＧＰＴも顧客の状況を詳しくプロンプトに入力すれば、有効な示唆を出すことができるようになっています。将来的なコパイロットの登場後は、顧客の状況さえＡＩ自身が読み解き、分析するようになるでしょう。

10％程度の残る部分は、顧客に五感を通した感動を与えるといった部分になります。それはまだしばらく、人にしかできない領域として残っていくでしょう。しかし、いずれはこの領域についても、ＡＩがカバーするようになるはずです。

最大公約数の解ではなく、個別のケースに対して最適解を導き出すという点で、ここまで紹介してきた「各論」は、「ラストワンマイル」とも同義と言えます。

例えば、コンビニやスーパーは店舗数が膨大で、多くの人が移動時間をさほどかけず、近所で買い物できるという最大公約数的な便利さです。一方、Ａｍａｚｏｎは顧客が近所の店に買い物に行くことなく、購入した商品を自宅まで届けます。自宅から店へ行く手間という「ラストワンマイル」を埋めたことで、現在のような大企業への成長につながったとされています。

Ａｍａｚｏｎの例はあくまで物理的な距離での「ラストワンマイル」ですが、世の中には他にもあらゆる「ラストワンマイル」があります。例えば、従来の一般的な商品カタログや雑誌では「○○というニーズがある人には、××という商品が向く」というレベルまでは言及できたかもしれません。しかし、購買コパイロットは「○○というニーズがあり、これまで□□という商品を使っていて、さらに△△という潜在的な欲求もあり……、そんなあなたには××という商品が向く」と、極めてパーソナライズされた提案をすることが可能です。こうした購買コパイロットは「ニーズに応える商品を提案する」という点で、従来はそこまで手が届かなかった「コミュニケーション・ラストワンマイル」を埋める存在と言えます。

コパイロットは世の中にある様々な「コミュニケーション・ラストワンマイル」を埋めることになると思います。コパイロットの登場を契機に、革新的なサービスや、それによって急成長する企業が多く現れるのではないでしょうか。

ビジネスという立場からは、新事業という観点で言えば有望な分野であり、またあらゆるコパイロットをいち早く取り入れることで、従来できなかった仕事が実現できる可能性があると言えます。ライフスタイルという立場では、より快適で便利な生活ができるようになるでしょう。

Point

●AIが顧客の「個別最適」な解を導き出す

未来は仮想現実の世界に人が住むようになる!?

コパイロットのようにある程度予測できる未来のさらに先、ＡＩの進化で世界はどう変わっていくのかを予想してみましょう。

ＡＩと並んで、従来のコンピューターよりはるかに高速で計算ができる「量子コンピューター」も進化していくはずです。将来的にはＳＦの世界で描かれるような「仮想現実に人が入って生活する世界」が成り立ってもおかしくないと思います。

現状、ＡＩが生成できるのは画像や言語、音声・音楽くらいまでです。これが香りや味をはじめとして、体の感覚なども生成できるようになり、人間にリアルタイムで感じさせられるようになれば、現実と変わらない仮想世界が実現できるはずだからです。今後、数十年もあれば、そうした世界が出来上がっていくと予測できます。

ひょっとすると映画などのＳＦ作品で描かれるような、カプセルの中に人が入り、その中ですべてが完結するような世界が訪れるかもしれません。

「仮想世界が実現したら、仕事はどうなるの？」と不安になる人もいるかもしれません。仮想世界が生まれた後の仕事を真面目に予想すると、さほど気にする必要はないと思います。

なぜなら、その頃には人がいなくても、あらゆる仕事が成立するようになっているはずだからです。例えば、農作物や家畜を育てるにしても、ＡＩを搭載したロボットやトラクターが自動でやってくれるといった具合です。そうなるとベーシックインカムが成立し、生活をしていくためのお金や最低限の食料は、皆が一律に手に入れられるようになっていくと考えられるからです。

そんな先の未来を不安に思うよりは、向こう数年でＡＩに仕事を奪われる喫緊のリスクの方がよほど危機的だと伝えたいです。

第9章

あなたが「しごでき社員」になる意義

付加価値をつくれる人は仕事がどんどん好きになる

働くという言葉はもともと、「傍（はた）の人を楽（らく）にする」という意味から作られたと言われています。働くことは、そばにいる人を楽にするためのものと言えます。また、アドラー心理学では「人の幸せとは貢献感であり、誰かの役に立っていると自分が思えることが幸せの源泉」という内容が語られています。

なぜ、いきなりこんな話から入ったかというと、

- **仕事をする理由は、傍の人を楽にするため**

↓

- **仕事をして人を楽にした結果、自分は貢献感を得ることができる**

ということを理解してもらうためです。**人が働く理由は、自分が幸せになるため**だと、私は解

釈しています。言い方を変えれば、人を楽にする仕事ができていれば、貢献感を得られて自分も幸せを感じることができ、仕事のモチベーションも上がる……というサイクルが生まれます。

しかし、こうしたサイクルを実感しながら働いている人は、実際には少ないかもしれません。多くの人は、働くモチベーションが「人を楽にして、貢献感を得るために働く」ではなく、「生きるために働く」「お金のために働く」になっているのではないかと思います。

なぜ、そうなってしまっているのでしょうか。私は、本当の意味での「仕事」ではなく、本書で紹介してきた「作業」レベルの仕事をしているからだと思います。それがもし、専門的な技術が必要な作業だとしても、です。第5章（１３１ページ）で具体的に解説した「Ｗｈｙ」の繰り返しや、ビジネスモデルの理解が十分にできていれば、自分の仕事が誰を楽にしているかが明確になるはずです。さらに、仕事が徐々に部署全体を動かすようなレベルになり、企業経営の根幹をなす仕事になっていき……と、スケールが大きくなっていくにつれて、楽にさせられる人はどんどん増えていきます。そうすると、自分もより大きな幸せを感じられるはずなのです。

一方で、作業レベルの仕事に終始していては、いつまでも自分が誰を楽にしているのかが分かりません。**働く目的が自分の「生活」「給料」に終始して、モチベーションは落ちていく一方**だと思います。

付加価値提供＝人を楽にすること

付加価値とは、お客さまの困りごとを解決するものであり、お客さまのニーズに最高の形で応えるものです。つまり、**付加価値をつくり続けられる人は、仕事をする理由である「人を楽にすること」が常に満たせている**状態と言えます。

付加価値は、実際には価値があるのに、お金に変えられていないものの中にも潜んでいます。例えば、言語です。ガイドや旅行代理店、観光地のスタッフ、そして飲食店の店員が外国語を使えるからといって、追加料金を取っているケースは少ないと思います。しかし、日本で外国人観光客を案内するとき、その人の母国語を使えればコミュニケーションにかかる時間を大幅に削減し、観光をする時間を増やせるはずです。あるいは、ニーズを正確に聞き取れることで、その外国人観光客が理想とする旅行を実現できる可能性が高まるかもしれません。

付加価値をつくるための仕事術が理解できていれば、外国人観光客の目的は「日本を訪れて、最高の思い出をつくる」ことだとすぐに分かるはずです。母国語でコミュニケーションが取れることは、目的達成の可能性を高められるものです。そして、言葉が通じないストレスを解消することで、コミュニケーションを楽にさせられるでしょう。そこに「価値」があるのです。

外国人観光客のお客さまがこの「価値」に気づけば、1日数千円、下手すると数万円の追加料金だって惜しみなく払う人は多いはずです。仕事の内容は変わっていないのに、実はそこに付加価値があり、お金を受け取るという形で成果につなげられるかもしれません。さらに「最高の思い出をつくるサポートをしてくれて、ありがとう」と感謝されるはずです。感謝された経験は、前向きに仕事に取り組む気持ちを駆り立ててくれることでしょう。そして何より、新たな収益が発生することで、待遇アップにもつなげられます。

もし、英語を話せるようになれば、収入が時給200円、月3~4万円、年40万円ほど増えるとしたらどうでしょう。英語を学ぶということに価値があると思いませんか?

まとめると、

- **付加価値を提供する**
  ↓
- **お客さまに感謝される**
  ↓
- **前向きに仕事ができる**
  ↓
- **さらに収益が待遇アップにもつながる**

という、付加価値の提供から待遇アップまでの構図が完成します。そして今、自分の仕事が、実は付加価値を生んでいて、利益につなげられる可能性があることも知ってください。そして利益を還元し、さらに付加価値を増やすこともできるのです。

Point

●付加価値創造は、自分の幸せも生む

「ハーズバーグの理論」で知る働きがいと働きやすさは別物

日本では、職場環境の風通しの良さや、休暇の取りやすさなど「働きやすさ」が重視される傾向にあります。しかし、実はこうした「働きやすさ」は「仕事をする幸せ」とは関係ないので、モチベーション（働く動機）を下げない要因にはなりますが、モチベーションを向上させることにはつながりません。

どういうことでしょうか。仕事に対するモチベーションを2つの要因に分けた「ハーズバーグの二要因理論」というものがあります。

「働きやすさ」は「衛生要因」を改善することを意味しています。具体的には、職場での人間関係の改善やパリハラの防止といった、働く人にとっての不満足要因をなくすことが「働きやすさ」につながると考えられています。ですが、働きやすいからといって「働きがい」があるとは限りません。「働きがい」は仕事の達成感などの「動機づけ要因」から生まれるものです。つまり、成

■働きがいは「動機づけ要因」から生まれる

主な衛生要因	主な動機づけ要因
良好な人間関係	仕事の達成感
十分な給料や休日	十分な承認、評価
納得できる会社の方針	責任ある仕事や成長の実感

果や承認、仕事そのものが誰かの役に立っていると思えることが働きがいになります。「衛生要因」と「動機づけ要因」をまとめたのが、上の表です。

日本の多くの企業において、「働きやすさ」は改善してきたかもしれません。ですが、それだけの職場では、おそらく多くの人が「働かなければならない」「働かされている」と思いながら仕事をしていると思います。モチベーションが高くない状態です。

また、残念ながら、目的、そして目標が設定できていない、共有できていない企業も世の中には意外に多く存在します。第1章（29ページ）で解説したように、「目的」とは、その達成を妨げる様々な問題を解決した先にある未来のことです。目標は、目的を一定の期間で区切ったところにあるマイルストーンです。働きがい（働く動機づけ）の大きな源泉は「達成する」という行為自体にありますが、そもそも目的と目標がなければ、達成は起こらないのです。

そうなると、予算が未達成だとしても悔しさはなく、「上司にまた怒られる。嫌だな」と思うだけです。運良く予算を達成できたとしても、「今回は怒られずに済む」で終わりです。達成感は得られません。

一方、本当に「働きがい」がある職場にいる人は、自分の仕事の目的が明確で、誰にどんな付加価値を提供すればいいのかも理解しています。朝起きたら「今日は○○さんと会うから、こういう価値を提供した方がいいな。であれば、こんな話題を切り出したら喜ぶだろうな」と考えます。つまり、誰かに会うたびに、何か役立つことを提供しようと考えながら生きているのです。それが目的の達成につながり、「働きがい」の追求にもつながっていきます。

「いなくては困る」人になる

目的意識を持って仕事に取り組んでいれば、仕事が楽しくなるのと同時に、自然と必要とされる人になります。「あなたがいなくては困る」と言われる人になる一番簡単な方法は、上司から見たときに、「彼はよく分かっている」と思われる状態になることです。

それには、上司の目的を理解し、かなえる仕事をすることが必要です。第５章（１３６ページ）で解説したように、自分や上司、会社の目的をＣｈａｔＧＰＴに聞き、理解することが近道です。

それができたら、周囲の他の人に対しても同様に、可能な限り目的をかなえていってあげる仕事をすればいいわけです。同僚からも同じように「彼に任せれば大丈夫」と評価され、役員からも「彼は有望株だね」と思われるようになっていきます。

付加価値は自分も他人も幸せにする

普段意識することはなくても、人はどこかで誰かとつながっていたい、必要とされたいと思っているものです。

本書では、まず「キーエンス思考」に基づき、仕事で成果を上げるための3要素を解説しました（28ページ）。そして、誰もが最速で、3要素を満たしながら仕事を進められるようになるChatGPTのノウハウも紹介してきました。これらを駆使すれば、付加価値がつくれる人になれます。これらはすべて、仕事を通して最終的に付加価値を提供するという形で、誰かの役に立つことにつながっています。

つまり、**必ず誰かに必要とされ、幸せを感じながら仕事ができるようになります。**

誰かに価値を提供するノウハウが身に付いていれば、仕事以外でも様々な場面で、周囲の人の役に立ち続けられるはずです。私も職を失い、新しい職を見つけられなかった経験があるので分かりますが、誰からも必要とされないことはものすごくつらい。だからこそ、本書を読んでいるあなたは、誰かの役に立てるという確信を持ち、「君がいてくれてよかった」と言われる状態になって欲しいと願っています。

「しごでき社員」になればかなうこと

・付加価値をつくれる人になれる
・傍の人を楽にできる
・貢献感で自分も幸せを感じられる
・様々な人に必要とされる
・仕事が楽しくなり、いくら働いても苦にならない
・仕事以外でも人を幸せにできる

おわりに

全編にわたり仕事術とＣｈａｔＧＰＴの活用法について解説してきました。未来だけを語るのではなく、今すぐ仕事に活用でき、かつＡＩが進化するこれからの時代に仕事をしていくための土台を語る一冊として、非常に内容の濃いものになったのではないかと振り返っています。

仕事の土台について語る本は、ビジネスマナー、特定の立場や業界だけで通用する話など、限定的な範囲の話になりがちです。逆にカバー範囲が広いと、哲学的な概念の話に終始してしまうケースもあります。本書ではキーエンス思考に基づいた仕事術とＣｈａｔＧＰＴを掛け算することによって、どんな立場で仕事をしていても、一気に「仕事ができる」状態になるための解説ができたと思います。

正直なところ、私が新入社員のときに読みたかった一冊になったと思いました。

最後に念押しをしますが、今後間違いなく、仕事で成果を上げられる社員しか生き残れない時代が訪れます。「生き残れない」と言うとすごく厳しい言葉ですが、ここで言いたいのは、選択肢や自由がない生き方になってしまうということです。本書を最後まで読んでいただいたあなたは、ＣｈａｔＧＰＴを使いこなして、今までと同じ時間で２倍、３倍の仕事ができるようになっていくはずです。こなせる仕事の量が増え、質も上がることがイメージできたのではないかと思います。それは紛れもない事実です。

また、従来と同じ仕事が半分の時間で終わったとすれば、余った時間は別の仕事をして２倍、３倍と成果を上げ、収入を向上させるのもよし。仕事以外の時間として楽しむのもよしです。つまり、時間の使い方の選択肢を増やすことができるのです。

私自身、ＣｈａｔＧＰＴを活用している今は、それ以前に比べて２倍以上の仕事がこなせるようになっています。そしてなお、質と量はまだ上げられると思っています。本書を読んでいただいたあなたも、この先数カ月もあれば質の高さを伴いながら、こなせる仕事量が一気に増えていくことでしょう。もしかしたら、１年後には10倍以上の仕事をこなせるようになっているかもしれません。

忘れてはいけないのは、今後は多くの人がＣｈａｔＧＰＴなどの生成ＡＩを使うようになるということです。あなただけではなく、誰もが、従来以上に多くの仕事をこなせるようになります。そうなったとき、ＣｈａｔＧＰＴを使って仕事がこなせるだけでは生き残っていけません。生き残るうえで最大の強みになるのは、付加価値がつくれることとなります。

誰にとってもChatGPTは強い味方

経営者や管理職クラスの人は、部下に聞きづらい困りごとをChatGPTに聞けば、すぐ解決できます。しかも教え方は上手です。デジタルツールについて聞いた場合、デジタルネーティブの若手よりChatGPTの方が、間違いなくうまく教えてくれます。若手はおそらく多くの場合、そのツールの使い方は分かっているでしょうが、動作の原理までは理解していないことでしょう。**ChatGPTはすべて理解し、どんな疑問にも回答してくれます。**

若手の人は「仕事の目的を知る」ということがピンとこないかもしれません。経験が浅いために、単純作業レベルの仕事しか任せてもらえず、仕事の大枠を知るのが難しいというケースもあるでしょう。業界研究をしてみたとしても、自分の目の前にある仕事レベルの目的に落とし込むのは難しいかもしれません。会社の経営計画書を読み返してみても、書いてある理念は漠然としていて、自分の目的に結び付かないケースは往々にしてあります。

しかし、**本書で紹介しているプロンプトを使って仕事の目的を質問すれば、納得のいく回答が得られるはずです。**

人の命の時間を、コストから価値創造へ

本書で紹介してきた「付加価値をつくる」ということは、「人の命の時間を、コストから創造へ」という考え方に起因し、帰結します。私が代表を務める株式会社カクシンも経営理念としています。

日本では特に、人が一生の限られた時間を使って働くことが人件費と捉えられます。それはコストであり、消費するものとして見られているということです。しかし**本来、人の命の時間は誰かの役に立つことや、役立つための仕組みをつくる価値創造に使うべき時間**です。

本書を読んでいただいた方なら、今日よりも明日、明日よりもあさって、今年よりも来年と、たくさんの人の役に立つ未来を想像できていると思います。第９章（２４０ページ）でも解説しましたが、「働く」意味とは「傍の人を楽にする」ことです。最初は身近にいる大事な人の役に立つことであり、それが発展していくと、社会貢献という大きなレベルになっていきます。

本書の完成にあたり、多くの方々からサポートと助言をいただきました。本書を出すことを可能にしてくれた日経ＢＰに、心から感謝申し上げます。また、よりよい書籍になるようアドバイスと編集をしてくださった高田悠太郎さん、編集協力の酒井麻里子さん、いつも仕事を支えてくれる株式会社カクシンのメンバーのみなさん、そしてこんな私を支えてくれる家族に、深く感謝

いたします。

本書を読んでいただき、解説してきた概念を理解いただいたうえで実践し、ChatGPTを味方に付けて、世の中に対して付加価値を提供することで、社会に貢献していってもらえれば、これ以上幸せなことはありません。

田尻　望
株式会社カクシン　代表取締役CEO

おわりに

著者略歴

田尻 望　（たじり のぞむ）

株式会社カクシン 代表取締役CEO
京都市出身。大阪大学基礎工学部情報科学科卒業後、株式会社キーエンスでコンサルティングエンジニアとして重要顧客を担当。また販売促進技術、海外販売促進技術に従事。その後、研修会社の立ち上げに参画し、独立。年商10億～1400億円の規模の企業で、経営戦略コンサルティングを実施。月1億円、年10億円の利益改善などを実現している。社会変化に適応した企業の長期的発展を目指す。著書に『構造が成果を創る～価値を構築するストラクチャリング思考と手法』（中央経済社）、発刊10万部突破の『付加価値のつくりかた 一番大切なのに誰も教えてくれなかった仕事の本質』（かんき出版）

「キーエンス思考」×ChatGPT時代の
付加価値仕事術

2023年10月10日　第1版第1刷発行
2023年12月18日　第1版第5刷発行

著　者　田尻 望
発行者　佐藤央明
編　集　髙田悠太郎（日経トレンディ）
編集協力　酒井麻里子（株式会社ウレルブン）
発　行　日経BP
発　売　日経BPマーケティング
〒105-8308　東京都港区虎ノ門4-3-12
装　丁　小口翔平+奈良岡菜摘（tobufune）
制　作　關根和彦（QuomodoDESIGN）
印刷・製本　大日本印刷株式会社

ISBN　978-4-296-20330-7
Printed in Japan

画像／Shutterstock